ISBN : 2-215-03047-X
© Éditions Fleurus, 1994
Dépôt légal, avril 1994
Imprimé en Italie

Dictio
nature et jeux

Conception :
Émilie Beaumont

Textes et jeux :
P. Simon
Émilie Beaumont

Images :
S. Alloy
P. Bon
N. Leguillouzic

ÉDITIONS FLEURUS. 11, rue Duguay-Trouin 75006 PARIS

Sommaire

- L'apparition de la vie 8
- L'air et l'atmosphère 10
- Jeux de l'air 12
- Les animaux 14
- Jeux des animaux 22
- Les arbres 24
- Jeux des arbres 28
- Les climats 30
- Jeux des climats 32
- L'eau 34
- Jeux de l'eau 38
- Les énergies 40
- Jeux des énergies 42
- Les fleurs 44
- Les fruits 47
- Jeux des fleurs et des fruits 48
- Les minerais 50
- Les minéraux 52
- Jeux des minéraux 54
- Les océans 56
- Jeux des océans 60
- Les paysages 62
- Jeux des paysages 76
- Les plantes sans fleurs 78
- Jeux des plantes sans fleurs 82
- La pollution 84
- Jeux de la pollution 88
- Les reliefs 90
- Jeux des reliefs 94
- Les records de la nature .. 96
- Les records des animaux . 98
- Les roches 100
- Jeux des roches 102
- Les saisons 104
- Jeux des saisons 108
- Le Soleil 110
- Jeux du Soleil 114
- Les tremblements de terre 116
- Les volcans 118
- Jeux des séismes 120
- La nature est extraordinaire 122
- Solutions des jeux 124

L'appariti

LE BIG-BANG

Il y a 15 à 20 milliards d'années, une formidable explosion, le big-bang, se produit. La matière se répand partout dans l'Univers.

NAISSANCE DU SOLEIL

Il y a 4 milliards et demi d'années, au centre d'un nuage de poussières et de gaz, la température et la pression augmentent : le Soleil se forme.

NAISSANCE DES PLANETES

Les poussières et les gaz qui tournent autour du Soleil se rassemblent et forment les neuf planètes du système solaire, dont la Terre.

REFROIDISSEMENT DE LA TERRE

Masse de roches en fusion, la Terre se refroidit peu à peu. A sa surface apparaît une croûte formée de montagnes et de plaines.

APPARITION DE L'EAU

Il y a 4 milliards d'années, la vapeur d'eau contenue dans les roches en fusion s'échappe. L'atmosphère se charge de cette vapeur, qui se condense et retombe en pluies. Les océans et les rivières se forment.

APPARITION DE LA VIE

Il y a 3 milliards d'années, des cellules vivantes capables de se reproduire se développent dans les mers. La vie commence sur Terre.

on de la vie

LES PREMIERES PLANTES ET LES PREMIERS ANIMAUX

Il y a 800 millions d'années, les algues, les éponges et des méduses apparaissent. Des millions d'années plus tard, les trilobites (1) et les lis de mer (2).

APPARITION DE L'OXYGENE

Il y a 430 millions d'années, les plantes aquatiques commencent à pousser hors de l'eau.
L'oxygène qu'elles rejettent se répand dans l'atmosphère.

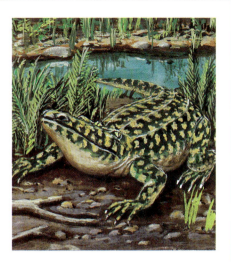

LES PREMIERS ANIMAUX TERRESTRES

L'atmosphère contenant assez d'oxygène, les animaux marins, à leur tour, sortent de l'eau.

LE TEMPS DES DINOSAURES

Il y a 350 millions d'années, la Terre se couvre d'immenses forêts de fougères, de ginkgo… C'est le temps des insectes.
Il y a 250 millions d'années, les dinosaures apparaissent.

LES PLANTES A FLEURS ET LES MAMMIFERES

Il y a 65 millions d'années, sans que l'on sache pourquoi, les dinosaures disparaissent.
Les plantes à fleurs se répandent

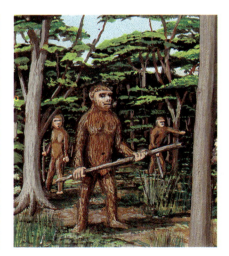

partout et les mammifères se multiplient.
Des millions d'années après, l'ancêtre de l'homme apparaîtra à son tour.

L'air

LES CYCLONES

Un cyclone est un tourbillon violent de l'atmosphère qui se forme au-dessus de la mer, dans les régions tropicales. Des nuages grossissent au-dessus de la mer chauffée par le soleil, puis le vent commence à souffler de plus en plus fort (entre 120 et 250 km/h). Les nuages forment alors une sorte de grande spirale dans laquelle l'air s'enroule très vite, un peu comme le font les spaghettis autour de ta fourchette. Près du centre de la spirale, les vents sont très violents, mais dans le centre, appelé l'œil du cyclone, il n'y a pas de vent.

Schéma d'un cyclone

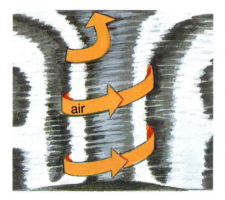

Schéma de l'intérieur de la spirale nuageuse.

Les vents

Lorsque, en un endroit du globe, de l'air sec s'élève, de l'air plus lourd vient immédiatement prendre sa place. Ce sont ces déplacements d'air qu'on appelle les vents. Plus l'air sec s'élève vite, plus l'air lourd vient rapidement prendre sa place et plus le vent est violent.

Le vent polaire : le blizzard

Extrêmement violent, ce vent apporte le froid et la neige.

Les cyclones provoquent de très gros dégâts. Ils déclenchent d'énormes tempêtes dont les vagues géantes, accompagnées de pluies diluviennes, déferlent sur le littoral.

L'air est un mélange de plusieurs gaz invisibles qui n'ont pas de couleur et pas d'odeur. Les deux gaz les plus importants sont l'azote et l'oxygène. D'autres gaz, comme l'ozone, qui protège les êtres vivants des rayons nocifs du Soleil, et le gaz carbonique, sont en faible quantité. L'air contient aussi de la vapeur d'eau.

L'atmosphère est la couche d'air qui enveloppe la Terre. Epaisse de 800 km, cette couche d'air est toujours en mouvement. L'atmosphère protège la Terre des rayons du Soleil et des météorites. Ce sont des blocs de roche venus de l'espace, qui brûlent en pénétrant dans l'air et tombent en général sous forme de cendres. L'atmosphère permet aussi aux oiseaux et aux avions de voler.

La lumière du Soleil traverse l'atmosphère et colore l'air en bleu. C'est pourquoi le ciel, vu de la Terre, est bleu. Sur la Lune, où il n'y a pas d'atmosphère, le ciel est noir.

L'atmosphère nous protège contre les rayons du soleil. Seule une partie de ces rayons chauffe la Terre. Le reste est renvoyé dans l'espace. Heureusement, sinon la température serait voisine de 100° C.

La nuit aussi, l'atmosphère joue un rôle important. En effet, elle retient la chaleur qui émane de la surface de la Terre. Sans elle, il ferait très froid, environ – 150° C. La Lune, qui n'a pas d'atmosphère connaît des températures extrêmes, de 100° C le jour et de – 150° C la nuit.

EXPERIENCE

Comment peut-on faire entrer un œuf dur épluché dans une carafe sans le toucher ?

Pour réaliser cette expérience, tu as besoin d'un œuf dur épluché et d'une carafe dont le goulot est un peu plus petit que le volume de l'œuf. Pour trouver la solution, tu dois te souvenir que l'air exerce une pression sur tout ce qu'il touche.

REFLECHIS

Quels sont les appareils qui utilisent l'air pour remplir leur fonction ?

de l'air

UN FUSIL MAGIQUE

Pour comprendre que l'air est élastique et qu'il peut exercer une pression importante, fais l'expérience suivante. Tu as besoin d'un stylo à bille transparent et d'une pelure d'orange.

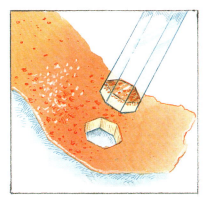

1. Découpe une empreinte dans la peau d'orange avec l'extrémité la plus grosse du stylo.

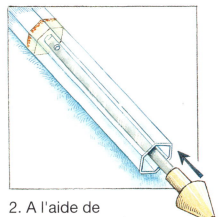

2. A l'aide de la cartouche, enfonce la peau d'orange jusqu'après le petit trou situé au milieu du stylo.

3. Bouche ce trou avec un doigt et découpe une autre empreinte dans la peau d'orange.

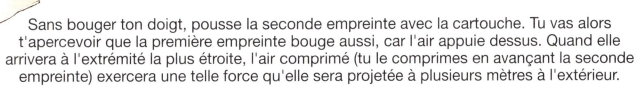

Sans bouger ton doigt, pousse la seconde empreinte avec la cartouche. Tu vas alors t'apercevoir que la première empreinte bouge aussi, car l'air appuie dessus. Quand elle arrivera à l'extrémité la plus étroite, l'air comprimé (tu le comprimes en avançant la seconde empreinte) exercera une telle force qu'elle sera projetée à plusieurs mètres à l'extérieur.

Les an

DES POISSONS DE MER

raie, saumon, anguille

Les poissons ont le corps recouvert d'écailles. Ce sont des vertébrés. Leur squelette est constitué d'arêtes ou de cartilage.

Cette rascasse est très dangereuse, car ses épines contiennent du venin.

rascasse volante

requin

Les requins ont une redoutable mâchoire. Certains sont des machines à tuer, comme le requin blanc. Mais d'autres sont inoffensifs, comme l'énorme requin-baleine, qui est le plus gros des poissons.

mérou, sole, hippocampe, poisson des profondeurs

Schéma montrant l'emplacement des branchies

ouïes, branchies

Des branchies pour respirer dans l'eau

Comme tous les êtres vivants, les poissons ont besoin d'oxygène. Grâce à leurs branchies, ils captent l'oxygène contenu dans l'eau. Cette eau entre par la bouche et ressort par les ouïes.

LE SAIS-TU ?

La femelle pseudotropheus garde ses petits dans sa bouche en cas de danger. Quand elle veut se nourrir, elle les laisse sortir, mais ils ne s'éloignent jamais trop loin.

L'épinoche de mer fabrique un nid dans des algues et surveille l'éclosion des œufs.

Le gourami, lui, prépare un nid constitué de bulles enrobées d'une gelée et incite la femelle à venir pondre dedans.

DES POISSONS D'EAU DOUCE

tanche, gardon, truite, carpe

En général, les poissons trouvent leur nourriture dans l'eau, mais certains, comme l'archer, capturent leurs proies hors de l'eau. S'il aperçoit un insecte sur une herbe, l'archer envoie une rafale de gouttes qui font alors tomber sa victime dans l'eau.

imaux

LES MOLLUSQUES

Les mollusques sont des invertébrés. Ils n'ont pas de squelette.

L'escargot est hermaphrodite : il est mâle et femelle en même temps. La limace a une peau coriace.

Pour donner naissance à des petits, il faut que deux escargots s'accouplent, bien qu'ils soient hermaphrodites. Trois ou quatre semaines après la ponte, les œufs enfouis dans le sol donnent naissance à des petits qui possèdent déjà une coquille.

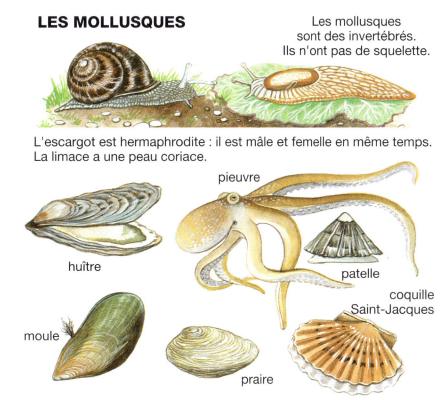

huître — moule — pieuvre — patelle — coquille Saint-Jacques — praire

LES CRUSTACES

Ce sont des invertébrés. Ils possèdent en général dix pattes et deux paires d'antennes. Les crustacés marins se déplacent en nageant ou en marchant. Ils sont tous carnivores. Certains, les crabes en particulier, sont nécrophages : ils se nourrissent d'animaux morts.

Le cloporte
C'est un crustacé terrestre. Il vit souvent dans l'écorce des arbres. Il se met en boule en cas de danger.

L'écrevisse (à gauche) vit en eau douce. Elle a de fortes pinces.

Le bernard-l'ermite vit dans une coquille abandonnée par un autre mollusque.

La mue

La carapace des crustacés ne peut pas s'agrandir. Aussi, lorsque l'animal se développe, doit-il se débarrasser de sa carapace devenue trop petite. Pour la quitter, le crabe boit beaucoup d'eau. Son corps gonflé la fait alors craquer. Quelques semaines plus tard, une nouvelle carapace apparaît. Le phénomène, qui se produit tous les ans, s'appelle la mue. Souvent, les crabes mangent leur ancienne carapace.

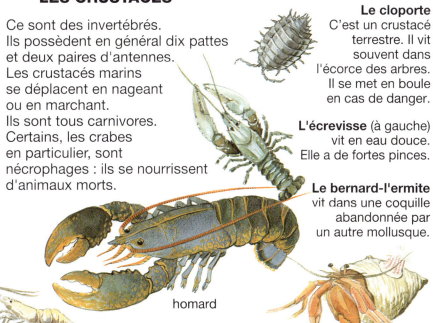

homard

LES OISEAUX

Il existe plus de 9 000 espèces d'oiseaux.
Tous ont le corps recouvert de plumes et possèdent un bec et deux ailes. Mais tous ne volent pas.

QUELQUES OISEAUX

Albatros
C'est un oiseau de mer.

Cigogne
C'est un oiseau migrateur. En hiver, il vit dans les pays chauds.

Perroquet

La chouette ne sort que la nuit pour chasser.

Chouette

Aigle
L'aigle est un rapace. Il a d'énormes griffes.

Trois sortes de plumes.
Toutes les plumes d'un oiseau n'ont pas la même fonction. Les plumes qui sont les plus grandes servent à voler (1). Les plumes qui recouvrent le corps (2) et le duvet (3) protègent l'oiseau du froid et de l'eau.

L'autruche ne vole pas, mais elle court très vite.

Le manchot ne vole pas non plus, mais c'est un excellent nageur.

Autruche

Passereau
Il vit dans les villes.

Manchot

La naissance des petits.
Après avoir été fécondé par le spermatozoïde du mâle, l'ovule de la femelle s'entoure d'une coquille calcaire pour former l'œuf. Lorsqu'il est pondu, l'un ou l'autre des parents le couve pendant trois semaines. Pour sortir de l'œuf, l'oisillon casse la coquille grâce à une petite pointe très dure qu'il possède sur son bec.

Les oiseaux sont des vertébrés. Leur squelette est constitué d'os creux, très légers, mais très résistants.
Leurs ailes sont actionnées par de puissants muscles.
Les becs des oiseaux sont de formes différentes, qui dépendent de la nourriture de chaque espèce.

INSECTES ET ARACHNIDES

Les insectes et les arachnides (les araignées) sont souvent confondus bien qu'ils soient très différents. Les insectes ont six pattes et les arachnides en ont huit. Avec plus d'un million d'espèces connues, les insectes forment la plus grande famille d'animaux.

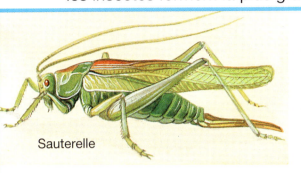
Sauterelle

Les insectes sont des invertébrés. Leur corps mou est entouré d'une enveloppe dure divisée en trois parties : la tête, le thorax et l'abdomen.

NAISSANCE DES COCCINELLES

A

Une coccinelle peut pondre jusqu'à 1 000 œufs durant sa vie.

B

Au bout de quatre jours, les larves commencent à sortir.

C

La larve est gourmande. Elle adore les pucerons.

D

La larve s'arrête de manger et se fixe sur une plante.

E

La nouvelle coccinelle n'a pas de points noirs.

F

Après quelques jours, les points apparaissent et le jaune vire au rouge.

Libellule — Puceron — Mante religieuse — Guêpe — Perce-oreille — Mouche — Scarabée — Pou

LES ARACHNIDES

Araignée

Comme les insectes, les arachnides ne possèdent pas de squelette. Carnivores, ils se nourrissent d'insectes. Les plus connus d'entre eux sont les scorpions et les araignées, dont il existe plus de 20 000 espèces différentes.

La toile de l'araignée : un piège redoutable.
La toile est un piège pour attraper les proies dont l'araignée se nourrit. Pour tisser sa toile, l'araignée fabrique des fils de soie qu'elle tend selon des formes géométriques bien précises.

Le scorpion est dangereux pour l'homme. Il pique quand il se sent menacé. Le plus dangereux est le scorpion du Sahara. Il se nourrit surtout d'insectes et d'araignées, qu'il attrape avec ses pinces.

Scorpion

A : la coccinelle pond près des pucerons. B : les larves sont transparentes. C : les larves muent plusieurs fois au fur et à mesure qu'elles grandissent. D : dernière transformation : la coccinelle se développe. E : la coccinelle sort toute jaune. F : plus la coccinelle est rouge foncé et plus elle est âgée.

LES MAMMIFÈRES

La famille des mammifères est l'une des plus importantes du règne animal. Elle regroupe plus de 4 000 animaux. On les appelle mammifères, car les femelles nourrissent leurs petits avec leur lait.

Les mammifères sont des vertébrés.
Ils possèdent tous quatre membres et leur peau est le plus souvent recouverte de poils. Leurs dents sont adaptées pour déchirer ou écraser leur nourriture. C'est à cette famille des mammifères qu'appartiennent les hommes.

Chatte avec ses chatons

Éléphant   Dauphin   Ours

La baleine est le plus gros des mammifères.
Elle peut peser jusqu'à 110 tonnes. La pachyure étrusque, une musaraigne, est le plus petit des mammifères.

Le plus petit mammifère — Il mesure 3,5 cm.

Un mammifère qui vole.
Un seul mammifère est capable de voler : c'est la chauve-souris. Des membranes de peau attachées à ses membres lui servent d'ailes. Comme tous les mammifères, la chauve-souris femelle nourrit ses petits avec son lait.

Hérisson   Lapin   Singe

Les mammifères peuplent tous les milieux. Certains vivent dans l'eau : loutre, castor, cétacés ; sous terre : taupe ; dans les arbres : écureuil, singe. Mais les plus nombreux vivent sur terre. Ils sont apparus il y a 60 millions d'années.

Les mammifères sont des animaux à sang chaud.
Qu'il fasse chaud ou froid, la température de leur corps ne change pas.
Ils possèdent aussi un cœur et des poumons.

CERTAINS MAMMIFÈRES HIBERNENT

Marmotte, hérisson, loir, ours hibernent.

Pour résister au froid, certains mammifères hibernent. Pendant l'hiver, ils s'abritent et sommeillent. Leur corps fonctionne au ralenti et leur température baisse de plusieurs degrés. Aucun mammifère ne dort tout l'hiver. Il se réveille en effet périodiquement. Heureusement, car un sommeil ininterrompu et trop long entraînerait la mort.

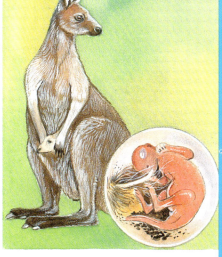

A sa naissance, le petit kangourou n'est pas complètement formé. Il passe alors quelques semaines dans une poche que la femelle possède sur son ventre. Là, il tète et finit de se développer.

LA NAISSANCE DES PETITS

Après l'accouplement du mâle et de la femelle, l'ovule de la femelle est fécondé par le spermatozoïde du mâle. Pendant quelques jours ou plusieurs mois, suivant les espèces, les petits se développent dans l'utérus (situé dans le ventre de la maman). Cette gestation dure 19 jours chez la souris, 340 jours chez le zèbre, mais 2 ans chez l'éléphante. A leur naissance, les petits sont complètement formés.

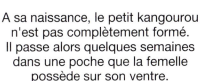

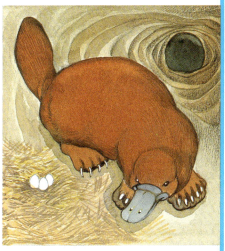

Une exception : l'ornithorynque, qui vit en Australie, est le seul mammifère qui pond des œufs. Les petits, qui naissent 10 jours après la ponte, tètent le lait de leur mère.

LES REPTILES

La famille des reptiles, à laquelle appartiennent les dinosaures, rassemble 6 000 espèces.
Parmi elles, les tortues, les serpents et les crocodiles.

diplodocus

crocodile

boa

caméléon

dragon volant

lézard vert

hattéria : c'est un fossile vivant qui est sur Terre depuis des millions d'années.

Les reptiles sont des vertébrés. Ils respirent grâce à des poumons. Leur corps est couvert d'écailles. Ils sont en général carnivores, sauf les tortues. Ils pondent des œufs, excepté la vipère, dont les œufs se développent dans son corps.

naissance d'un petit crocodile

ponte des œufs d'une tortue de mer

Pour se défendre, les vipères et d'autres serpents possèdent une arme terrible, leur venin. Ce poison, souvent mortel, est injecté dans le corps de la victime par deux dents creuses qu'on appelle des crochets.

L'absence de pattes ne signifie pas que les serpents se déplacent lentement. Certains filent si vite qu'on les appelle des coureurs, comme ce serpent noir.

Les reptiles hibernent

Les reptiles sont obligés d'hiberner, car ils sont incapables de maintenir égale la température de leur corps.
Pour la même raison, lorsque la température s'élève, ils se mettent à l'abri du soleil.

LES AMPHIBIENS

Les amphibiens naissent et grandissent en eau douce. Devenus adultes, ils vivent sur terre, mais ils ne s'éloignent jamais des endroits humides. Ils sont tous carnivores. Tout au long de leur croissance, ils muent : leur peau tombe et ils en fabriquent une autre.

rainette

Toutes les grenouilles mangent des insectes, sauf celles qui mangent aussi des souris, comme la grenouille cornue d'Amérique du Sud.

crapaud

Les grenouilles coassent, mais certains mâles aboient.

Les grenouilles sont vertes, bleues, orange, roses... Il y en a de toutes les couleurs.

Le necture tacheté vit toujours dans l'eau. Il garde ses branchies, qui pendent de chaque côté de son cou.

necture tacheté

Les amphibiens sont des animaux à sang froid.

triton

Le triton et la salamandre ressemblent à des têtards quand ils sortent des œufs. Ils gardent leur queue à l'âge adulte.

salamandre

LES DIFFERENTES ETAPES DE LA NAISSANCE D'UNE GRENOUILLE

① Au début du printemps, la grenouille pond des œufs dans l'eau.

② Les œufs, entourés d'une espèce de gelée visqueuse et transparente, s'accrochent à des algues ou à des herbes. Les œufs se développent et s'allongent. Une extrémité est plus grosse que l'autre : c'est celle qui donnera la tête.

③ Au bout de 8 jours environ, un tout petit têtard sort. Il a deux bosses à la place des yeux et des branchies sortent de chaque côté de sa tête.

④ Les yeux apparaissent 3 jours après l'éclosion. Le têtard se développe rapidement. Les branchies externes disparaissent pour devenir internes. Le têtard respire comme les poissons. C'est à ce moment-là aussi que les pattes arrière sortent.

⑤ Le têtard a maintenant 4 pattes. Ses poumons apparaissent et sa bouche change. Elle s'élargit, tandis qu'une longue langue se met à pousser. Pendant cette transformation, le têtard ne mange pas : il utilise les réserves contenues dans sa queue, qui diminue au fur et à mesure. Les yeux grossissent. Enfin, la petite grenouille sort de l'eau et le reste de sa queue va disparaître.

⑥

Jeux des

LE ZOOLOGISTE EST DISTRAIT

Monsieur Georges, qui passe sa vie à étudier les animaux, a préparé un bel album de photos pour ses petits-enfants. Mais il est très distrait et certains noms de familles d'animaux ne correspondent pas à l'image. Remets un peu d'ordre.

 A AMPHIBIEN	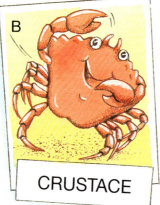 B CRUSTACE	 C REPTILE	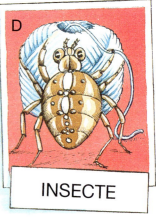 D INSECTE
 E POISSON	 F MAMMIFERE	 G INSECTE	 H MOLLUSQUE
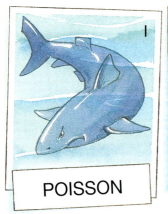 I POISSON	 J OISEAU	 K REPTILE	 L MAMMIFERE

animaux

BIZARRE

Observe bien cette scène. L'illustrateur y a fait 5 erreurs. Lesquelles ?

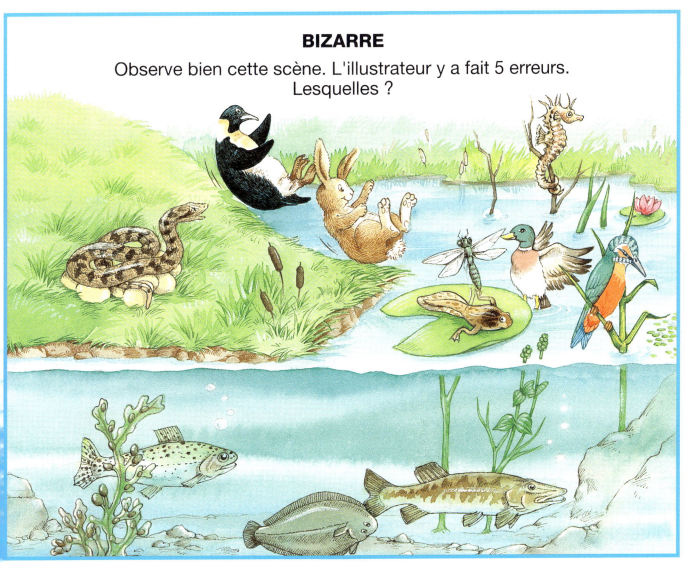

LE SAIS-TU ?

Le kiwi est de la même famille que l'autruche, mais il est beaucoup plus petit qu'elle.
Ses ailes sont réduites et il ne vole pas.
Il a cependant de puissantes pattes et il se déplace rapidement.
Chez le kiwi, c'est le mâle qui couve l'œuf pendant que maman kiwi, qui n'est pas commode, le surveille bien afin qu'il ne quitte pas le nid.

Les

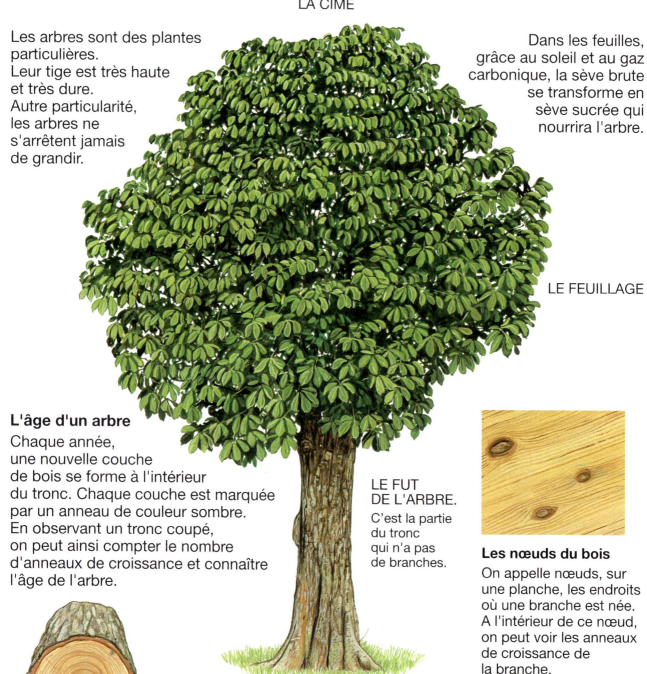

LA CIME

Les arbres sont des plantes particulières.
Leur tige est très haute et très dure.
Autre particularité, les arbres ne s'arrêtent jamais de grandir.

Dans les feuilles, grâce au soleil et au gaz carbonique, la sève brute se transforme en sève sucrée qui nourrira l'arbre.

LE FEUILLAGE

L'âge d'un arbre
Chaque année, une nouvelle couche de bois se forme à l'intérieur du tronc. Chaque couche est marquée par un anneau de couleur sombre. En observant un tronc coupé, on peut ainsi compter le nombre d'anneaux de croissance et connaître l'âge de l'arbre.

LE FUT DE L'ARBRE.
C'est la partie du tronc qui n'a pas de branches.

Les nœuds du bois
On appelle nœuds, sur une planche, les endroits où une branche est née. A l'intérieur de ce nœud, on peut voir les anneaux de croissance de la branche.

Les racines puisent dans le sol l'eau et les sels minéraux qui constituent la sève brute.
Cette sève circule ensuite dans le tronc.

arbres

NAISSANCE D'UN ARBRE

Au printemps, l'arbre fleurit.

Les fleurs donnent naissance à des fruits.

A l'automne, le fruit est mûr et tombe sur le sol.

Au printemps suivant, la graine germe.

Les racines apparaissent, ainsi que les premières feuilles.

L'arbre va grossir et se développer pendant plusieurs années.

Les feuilles sont vertes, car elles contiennent de la chlorophylle. C'est cette substance qui permet à la feuille de capter la lumière du soleil.

nervure secondaire
nervure principale
pétiole

FEUILLE SIMPLE DU HETRE

LES DIFFERENTES FORMES DE FEUILLES

La taille et la forme des feuilles sont différentes selon les espèces d'arbres. On les classe en plusieurs familles : les feuilles simples, les feuilles composées, les aiguilles.

FEUILLE SIMPLE DU CHENE

AIGUILLE DE PIN

FEUILLE COMPOSEE DU MARRONNIER

QUELQUES ARBRES

Les arbres se regroupent en deux grandes familles :
les arbres à feuilles persistantes, qui portent des feuilles toute l'année,
et les arbres à feuilles caduques, dont toutes les feuilles
tombent en automne.

L'érable
Ce très bel arbre peut atteindre plus de 30 m de haut. Il prend de magnifiques couleurs en automne. Au Canada, on récolte sa sève à la fin de l'hiver pour faire le sirop d'érable.

Le chêne-liège
On le trouve surtout dans les régions méditerranéennes. Cet arbre a la particularité de produire du liège, substance souple et élastique, à partir de son écorce. Le liège est utilisé, entre autres, pour faire les bouchons.

Le magnolia est un arbuste remarquable par son feuillage et ses splendides fleurs. Il en existe de nombreuses espèces, qui donnent des fleurs rouges, roses ou blanches.

Le séquoia est l'un des plus grands arbres du monde. Il peut atteindre jusqu'à 120 m de haut. Sa longévité est tout aussi impressionnante puisque certains ont près de 1 800 ans.

Le palétuvier
C'est un arbre des régions tropicales qui vit dans les estuaires ou dans les marais près du littoral. Il possède de longues racines qui partent de son tronc et de ses grosses branches pour plonger dans le sol boueux.
Les palétuviers sont les arbres des mangroves (voir page 67).

Le palmier est un arbre facilement reconnaissable à son tronc allongé, couronné d'une touffe de feuilles.
Suivant les espèces, son tronc est lisse ou recouvert de cicatrices saillantes laissées par les feuilles lorsqu'elles tombent.

L'écorce : une protection pour l'arbre

L'écorce est une barrière infranchissable pour l'eau de pluie et les insectes. Elle protège les parties vivantes de l'arbre. Si celui-ci perd son écorce, il ne tarde pas à mourir.

Le cèdre

C'est un très bel arbre que l'on peut rencontrer aussi bien sur les pentes de l'Himalaya que dans les régions méditerranéennes ou en Afrique du Nord. Selon les régions où il pousse, la disposition de ses branches est différente. Chez le cèdre de l'Himalaya, les branches tombent vers le sol, alors que celles du cèdre du Liban sont plutôt horizontales et que celles du cèdre d'Afrique du Nord ont tendance à se relever.

Le baobab

C'est un arbre étrange dont le tronc est très massif. Ses fleurs sont fécondées non pas par les oiseaux ou les insectes, mais par les chauves-souris. Ses fruits, de la grosseur d'une orange, sont comestibles et sont vulgairement appelés pains à singe.

LES ENNEMIS DES ARBRES

Les pluies acides

Les fumées acides, rejetées par les usines chimiques, et celles des voitures et des cheminées envoient dans l'air des oxydes qui, liés à la vapeur d'eau, forment des pluies acides qui détruisent les feuilles des arbres. C'est un désastre en Allemagne, où plus de 70 % des forêts sont atteintes.

Autres ennemis des arbres :

1. Le feu, qui détruit chaque année de vastes étendues de forêts. Il est souvent d'origine criminelle ou dû à l'inconscience de l'homme.

2. Les chenilles et les termites, qui causent également des dégâts considérables.

3. L'exploitation intensive des forêts par l'homme.

Jeux de

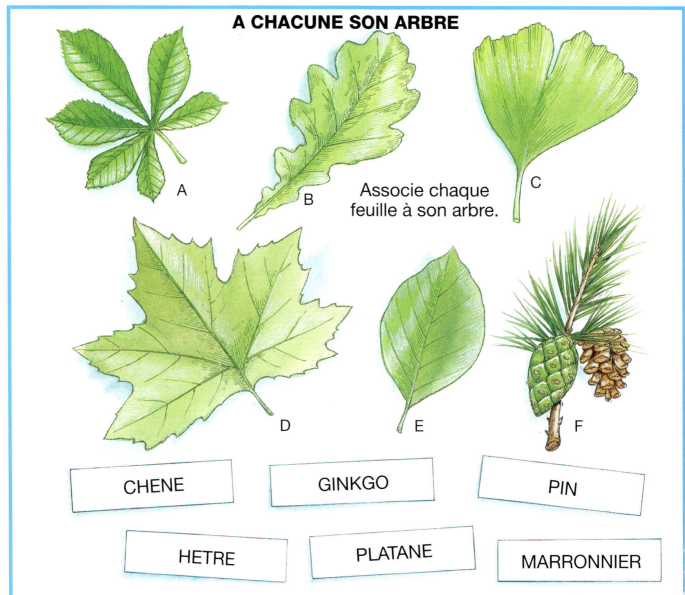

VRAI OU FAUX ?

A. On a coupé un des arbres les plus vieux de la Terre. Il poussait à 3 000 m d'altitude, dans la Sierra Nevada (aux Etats-Unis). Les experts pensent qu'il avait 4 900 ans.

B. Au Niger, dans le désert du Ténéré, il existait un arbre complètement isolé au milieu du sable. Il a été touché violemment par un camion et abattu.

C. D'après les experts, l'espèce d'arbre la plus ancienne est le chêne. Elle serait apparue il y a 350 millions d'années.

s arbres

LA BONNE REPONSE

A. Les feuilles des arbres sont vertes, car elles contiennent :
1. de la chlorophylle ?
2. du chloroforme ?
3. de la chlorémie ?

B. La feuille est reliée à la branche par :
1. le pétale ?
2. le pétoncle ?
3. le pétiole ?

C. Les arbres qui perdent leurs feuilles chaque année sont des arbres à feuilles :
1. résineuses ?
2. caduques ?
3. persistantes ?

D. Dans le sol, les arbres puisent :
1. des sels minéraux ?
2. de l'oxygène ?
3. du gaz carbonique ?

COMMENT MESURER LA TAILLE D'UN ARBRE

Il existe plusieurs méthodes, mais une des plus simples est la suivante. Prends un morceau de bois dont la longueur est égale à la distance entre ton œil et l'extrémité de ta main (bras tendu). Tends le bâton à la verticale, droit devant toi, et avance ou recule jusqu'à ce qu'il ait la même taille que l'arbre.
La hauteur de l'arbre est alors égale au nombre de mètres qu'il y a entre tes pieds et le pied de l'arbre.
Après avoir mis un repère au niveau de tes pieds, tu peux mesurer la distance avec un mètre.

Les

Climat polaire
Il se caractérise par un froid intense, des vents violents et des températures inférieures à 0° C toute l'année.

Climat océanique
C'est un climat doux. Les vents du sud apportent la chaleur et les vents d'ouest l'humidité. Aussi pleut-il souvent.

AMERIQUE DU NORD

AMERIQUE DU SUD

OCEAN ATLANTIQUE

Un courant marin chaud : le Gulf Stream
La côte atlantique de l'Espagne, de la France et de la Grande-Bretagne reçoit l'influence du Gulf Stream. Ce courant marin chaud, qui vient des tropiques, apporte beaucoup de douceur au climat. Les hivers sont rarement très froids.

Climat tempéré
C'est un climat ni trop chaud, ni trop froid. Entre les pôles et l'équateur, sont situées les régions où il ne fait ni trop chaud ni trop froid. L'Europe, par exemple, a un climat tempéré.

Climat de montagne
En montagne, les températures diminuent avec l'altitude. La pluie tombe alors sous forme de neige.

Des nuages de sable
Au-dessus du Sahara se forment des nuages de sable. Poussés par des vents du sud, ces nuages atteignent parfois les pays du sud de l'Europe et déposent du sable partout.

Climat continental
Ce climat de l'intérieur des terres n'est pas soumis à l'influence des océans. Les étés sont chauds et les hivers très froids. Les pluies sont faibles et la neige tombe à la fin de l'automne.

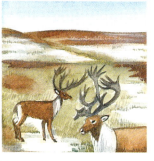

Climat méditerranéen
Il est marqué par des étés secs et chauds et des hivers doux. La pluie y tombe sous forme d'orages, souvent très violents en été.

climats

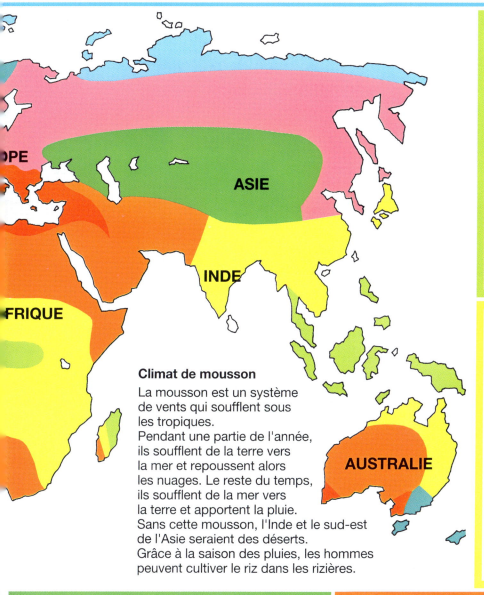

Climat équatorial
C'est un climat difficile à supporter, car il y fait chaud et il pleut toute l'année. L'air est fortement chargé d'humidité.

Climat tropical
Il y fait toujours chaud, que ce soit à la saison sèche ou à la saison humide, pendant laquelle il pleut tous les jours.

Climat de mousson
La mousson est un système de vents qui soufflent sous les tropiques.
Pendant une partie de l'année, ils soufflent de la terre vers la mer et repoussent alors les nuages. Le reste du temps, ils soufflent de la mer vers la terre et apportent la pluie.
Sans cette mousson, l'Inde et le sud-est de l'Asie seraient des déserts.
Grâce à la saison des pluies, les hommes peuvent cultiver le riz dans les rizières.

Climat sec et froid
C'est le climat des steppes d'Asie, où il tombe peu de pluie par an, mais où les hivers sont très froids et les étés torrides.

Climat sec et chaud
Ce climat caractérise les déserts. Les températures peuvent atteindre 50° C le jour et tomber jusqu'à 0° C la nuit. Les pluies sont extrêmement rares.

Jeux de

A CHACUN SON CLIMAT

Essaie de reconnaître tous les animaux dessinés ci-dessous et trouve le climat sous lequel ils vivent.

VRAI OU FAUX ?

A. Quand un volcan fait une éruption très importante, le climat change pendant plusieurs années.

B. Le Sahara a toujours été un désert.

C. C'est à cause de la chaîne de l'Himalaya que l'Inde connaît la mousson.

D. Au bord de la mer, les hivers sont plus froids qu'à l'intérieur des terres.

E. Dans certaines îles du Pacifique, il pleut beaucoup, plus de 10 m par an.

F. Il y a eu des périodes où il faisait très froid. Les glaciers sont alors descendus très loin dans les vallées. Les glaciers des Alpes, par exemple, sont arrivés jusqu'à Paris.

G. En montagne, le climat est le même que dans les vallées.

s climats

DES ENFANTS ET DES CLIMATS

Chaque enfant dessiné sur cette page vit dans un pays différent, sous son propre climat. Peux-tu retrouver, pour chacun des enfants, de quel climat il s'agit ?

1. Polaire
2. Continental
3. Mousson
4. Tropical
5. Equatorial
6. Océanique
7. Sec et chaud
8. Sec et froid

Le cycle

A chaque seconde, des millions de tonnes d'eau s'évaporent : au-dessus des mers et des océans, des rivières et des lacs, et même au-dessus des forêts, car les arbres et les plantes transpirent. Cette vapeur d'eau, en montant dans l'atmosphère, se transforme en nuages.

cumulus

L'eau est apparue sur Terre il y a environ 4 milliards d'années. Depuis, la quantité d'eau qui existe sur notre planète est restée la même.

château d'eau

de l'eau

Ces nuages, suivant la température qu'ils rencontrent, tombent sous forme de pluie, de grêle ou de neige. Cette eau va alimenter les rivières et les fleuves, ou bien s'enfoncer dans le sol et ressortir sous forme de sources. Elle se retrouvera ensuite dans la mer et le cycle recommencera.

torrent

barrage

L'eau s'infiltre dans le sol.

nappe souterraine

L'INFLUENCE DE L'EAU SUR LES PAYSAGES

L'eau est présente partout sur la Terre : océans, fleuves, rivières, pluie, neige, etc. Sous son action, qui dure depuis des milliards d'années, les paysages ont évolué et se sont transformés.

L'EAU, INDISPENSABLE A LA VIE

L'eau est à l'origine de la vie sur Terre et elle est nécessaire à son maintien.
Sans eau, une plante ne peut pas fabriquer sa nourriture.

L'eau est aussi indispensable aux animaux pour se désaltérer, pour se rafraîchir, pour faire pousser les végétaux, nourriture principale de nombreux herbivores.

Dans certains pays, l'eau est présente à de très grandes profondeurs. Il faut creuser des puits pour l'atteindre.

Les chutes de pierres en montagne se produisent à cause de l'eau et du gel. Les roches présentent des fentes à travers lesquelles pénètre l'eau. Lorsque cette eau gèle, la pierre éclate et des morceaux se détachent et glissent sur les pentes.
C'est très dangereux lorsque les pierres tombent sur la route.

L'avalanche est aussi un phénomène dû à l'eau.
Si un réchauffement survient après des chutes de neige, cette dernière fond et l'eau s'écoule entre la terre et la couche neigeuse, qui peut alors se décoller et dévaler la pente.
Pour écarter ce genre de catastrophe, les hommes dressent des murs pour retenir la neige.

LA FORCE DE L'EAU

Rien ne peut arrêter la force de l'eau, qui est considérable. Des vagues attaquent les falaises et modifient le tracé des côtes ; un fleuve en crue peut emporter des maisons, des arbres et des collines ; une rivière peut creuser une gorge dans une roche tendre ou créer un gouffre ou une grotte.

Lors des tempêtes, des vagues déferlent sur les côtes. Elles charrient du sable et des galets, qui sont projetés sur les falaises ou les rochers. Au bout de plusieurs années, des pans de falaise entiers s'écroulent et des rochers éclatent.

Quand la neige fond ou quand les pluies sont trop abondantes, les fleuves quittent leur lit et envahissent les champs et parfois les villes. Les hommes sont alors obligés de quitter leurs habitations.

Tu visites parfois des gorges très profondes au fond desquelles coule une rivière. C'est elle qui, lentement, pendant des millions d'années, entaille la roche et construit son lit entre les sommets.

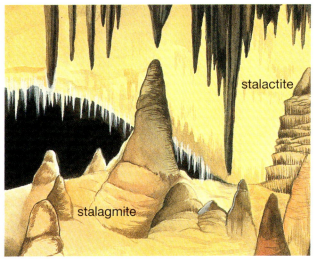

En s'infiltrant dans le sol, l'eau se charge de fines particules de calcaire. Lorsqu'elle s'écoule goutte à goutte dans une grotte, le calcaire se dépose et forme des stalactites ou des stalagmites aux formes très étranges.

A CAUSE DE L'EAU

Parmi les différents phénomènes représentés ci-dessous,
indique ceux qui se sont produits à cause de l'eau.

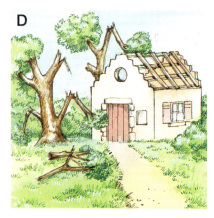
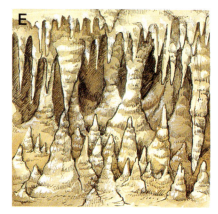
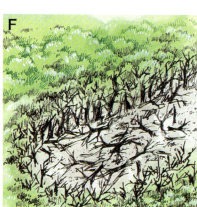

LE SAIS-TU ?

L'eau est apparue sur Terre il y a environ 4 milliards d'années.

La Terre, à sa naissance, était recouverte de volcans qui déversaient leur lave et crachaient leur fumée, chargée de vapeur d'eau.

Lorsque la Terre s'est refroidie, la vapeur d'eau envoyée dans l'atmosphère s'est transformée en eau qui a alors rempli les vallées. C'est ainsi qu'est né le premier océan.

de l'eau

ENQUETE DE L'INSPECTEUR LEGORILLE

Un vol a été commis dans un musée de Londres. L'inspecteur a retenu trois suspects, mais ils affirment tous ne pas avoir été à Londres ce jour-là.

— Moi, dit Albert, j'ai fait une cascade pour un film dans les chutes du Niagara, et j'étais enfermé dans un tonneau.
— Moi, dit Robert, je me trouvais en Egypte, où je pêchais la sardine au bord du Nil.
— Moi, dit enfin Serge, je traversais le Sahara en 4 x 4 lorsque je me suis retrouvé bloqué par les fortes pluies de la mousson.

Parmi ces trois hommes, deux ne disent pas la vérité. Lesquels ?

EXPERIENCE

Pour comprendre le cheminement de l'eau, qui s'évapore de la mer et tombe finalement sous forme de pluie, il te suffit de faire bouillir de l'eau dans une bouilloire. Lorsque la fumée s'échappe, place une cuillère devant. Tu y apercevras alors des gouttes d'eau qui s'écouleront ensuite.

VRAI OU FAUX ?

1. Les plantes transpirent et rejettent de l'eau sous forme de vapeur d'eau.

2. Les icebergs, que l'on aperçoit dans les régions polaires, se forment à partir de la mer qui gèle.

3. L'eau gèle à 0°C.

4. L'eau bout à 1 000°C.

5. La banquise est constituée d'eau de pluie qui a gelé.

Les én

Du bois, avec lequel les hommes préhistoriques se chauffaient, jusqu'à l'atome d'uranium, avec lequel on fabrique l'électricité, il existe dans la nature de multiples sources d'énergie que l'homme a appris à utiliser.

L'énergie solaire et la force de l'eau et du vent sont des énergies renouvelables. On peut les utiliser sans risque d'en manquer.

Le charbon, le pétrole et le gaz sont des énergies fossiles. Lorsque l'on aura épuisé toutes les réserves qui existent dans le sol, il faudra trouver d'autres sources d'énergie.

La biomasse : l'énergie des plantes
A partir de certaines cultures, betterave, céréales, on extrait de l'alcool susceptible d'être utilisé à la place de l'essence.

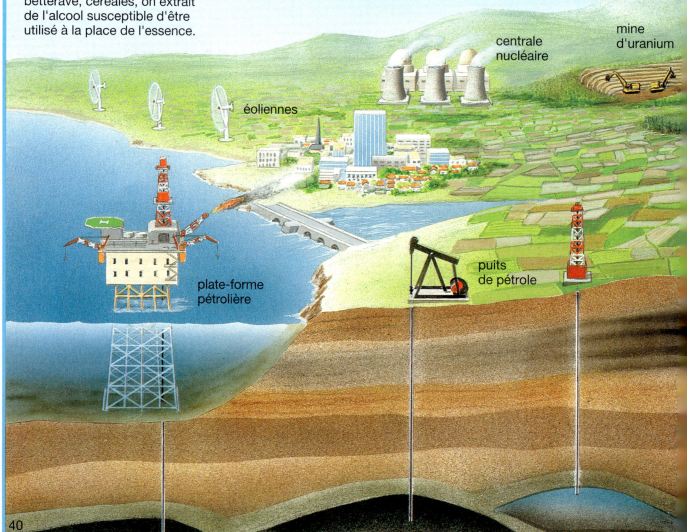

ergies

Une énergie fabriquée : l'électricité

L'électricité qu'on utilise tous les jours est produite par l'homme à partir d'autres sources d'énergie : l'uranium dans les centrales nucléaires, le charbon ou le pétrole dans les centrales thermiques, grâce aussi aux fours solaires, aux barrages hydroélectriques et aux éoliennes.

four solaire

barrage hydroélectrique

geyser

mine de charbon

Les geysers

Près de certains volcans se trouvent des nappes d'eau. Chauffée par les montées de magma, cette eau jaillit de terre, parfois sous forme de vapeur. On utilise ces sources pour chauffer les maisons.

Jeux des

ON A BESOIN D'ENERGIE

Examine attentivement ces images et trouve, à chaque fois, quelle énergie est utilisée.

1

2

3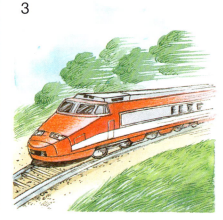

4

5

6

7

8

9

énergies

VRAI OU FAUX ?

Les hommes sont ingénieux et cherchent sans cesse de nouveaux moyens pour remplacer les énergies traditionnelles. A ton avis, les affirmations énoncées ci-dessous sont-elles vraies ou fausses ?

A. Pour se chauffer, on peut utiliser le gaz provenant de la fermentation du fumier.

B. Les voitures peuvent rouler avec de l'alcool obtenu à partir des betteraves.

C. Dans certains pays, on se sert de bouses de vache séchées en guise de charbon.

CAPTER L'ENERGIE SOLAIRE

Prends deux bouteilles d'eau minérale en plastique.

Peinds-en une en noir.

Emplis-les d'eau et place-les en plein soleil.

A l'aide d'un thermomètre médical, mesure après cinq minutes, quinze minutes, trente minutes et une heure la température de l'eau dans chacune des bouteilles.

Note les résultats. Que constates-tu ?

Les

Les étamines contiennent les cellules reproductrices mâles : le pollen.

Le pistil contient les cellules femelles.

Les pétales forment la corolle.

Les sépales forment le calice.

bouton

Le calice et la corolle sont chargés de protéger les étamines et le pistil.

En général, les fleurs possèdent les deux sexes : mâle et femelle. Mais pour éviter que le pollen féconde les ovules de la même fleur, le pistil ne s'ouvre que lorsque les étamines ne portent plus de pollen. Le vent et les insectes, en particulier les abeilles, transportent le pollen qui fécondera les fleurs.

Lorsque la fleur en bouton apparaît, elle est protégée par les sépales. Puis la fleur s'ouvre, les sépales s'écartent et les pétales se déplient.

DIFFERENTES FORMES

Il existe de nombreuses formes de fleurs.

Fleurs en grappe : la fleur du rhododendron.

Fleurs en ombrelle : la fleur de carotte.

Fleur en épis : la fleur de l'orchidée.

Les pétales et les sépales de la tulipe et du lys sont de la même couleur.

Fleurs composées : la fleur de la marguerite, du dahlia et du tournesol.

fleurs

FLEURS DES PRES

FLEURS DE MONTAGNE

FLEURS DES BOIS

FLEURS DES BORDS DE L'EAU

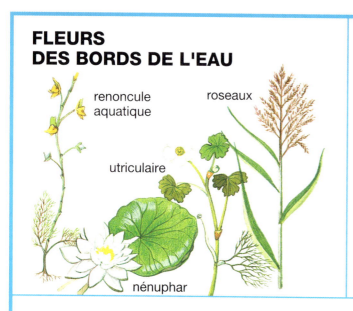

FLEURS DES HAIES

FLEURS DES DUNES

FLEURS DES DESERTS

Les fruits

Lorsque la fleur est fécondée (voir page 44), les pétales se flétrissent et le fruit se développe. Le fruit est l'enveloppe dans laquelle la plante emmagasine ses graines. Certains fruits n'ont qu'une graine, logée dans un noyau. C'est le cas de l'abricot ou de la pêche.
D'autres en ont plusieurs, logées dans le cœur du fruit, comme la pomme.
D'autres, enfin, ont des graines dispersées dans la pulpe, comme le raisin.

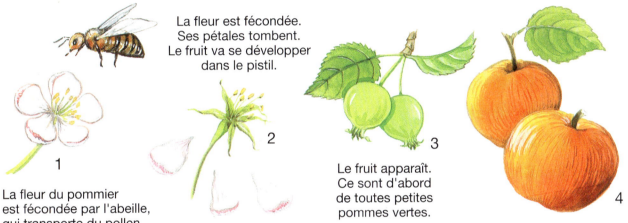

1. La fleur du pommier est fécondée par l'abeille, qui transporte du pollen collé à ses pattes, à ses ailes ou à sa tête.

2. La fleur est fécondée. Ses pétales tombent. Le fruit va se développer dans le pistil.

3. Le fruit apparaît. Ce sont d'abord de toutes petites pommes vertes.

4. Les pommes se développent et se gorgent de sucre et de jus.

DISPERSION DES FRUITS

Beaucoup de fruits sont transportés loin du pied de la plante où ils sont tombés, soit par le vent et l'eau, soit par des animaux.

Les oiseaux mangent la pulpe des fruits, mais rejettent les graines.

L'écureuil cache dans le sol des noisettes et souvent il les oublie.

Le vent emporte les fruits à aigrettes (pissenlit).

L'eau transporte facilement les fruits à coque dure, comme les noix ou les glands.

Jeux des fleu[rs]

DES FLEURS POUR CHAQUE SAISON

Observe bien ces fleurs et indique celles qui poussent au printemps, en été, en automne et en hiver.

LE SAIS-TU ?

Les premières fleurs sont apparues sur Terre il y a 60 millions d'années, bien après l'apparition des mousses, des lichens et des fougères.
De nos jours, de nombreuses espèces de fleurs sauvages disparaissent. Les causes en sont nombreuses, mais les activités des hommes (notamment les constructions et l'utilisation des herbicides) sont parmi les plus importantes.
Pour préserver les espèces en voie de disparition, il existe des établissements qui, sous le contrôle de scientifiques, les soignent et les font pousser pour les réintroduire ensuite dans leur milieu naturel.

...rs et des fruits

RELEVE LES ERREURS SUR LES ARDOISES

des baies : poires, oranges - raisin, prunes

des fruits à pépins : groseilles, pommes

des drupes : cerises, abricots, citrons

des fruits secs : noisettes - noix, pêches, amandes

RESPECTE LA NATURE

Regarde bien ces quatre images et indique celles qui représentent une personne qui ne respecte pas la nature.

Les m

Les minerais sont des minéraux contenant des métaux.
Après leur extraction des mines ou des carrières, les minerais sont broyés, nettoyés, puis fondus afin d'en isoler le métal.

MINERAI DE FER

Le minerai de fer était déjà exploité 600 ans avant J.-C. Le fer est un métal dur et résistant, mais facile à travailler.

MINERAI DE MERCURE

Le minerai de mercure est rare. On le trouve près des roches volcaniques récentes. On utilise le mercure dans les thermomètres médicaux, les instruments scientifiques, etc.

MINERAI DE CUIVRE

C'est un métal jaune ou rouge, très bon conducteur de la chaleur et de l'électricité. De nombreux objets décoratifs ou culinaires sont en cuivre.

MINERAI D'ALUMINIUM

C'est un métal très utilisé. Tu le connais sûrement sous forme de papier, mais il est aussi utilisé dans la fabrication des voitures, des avions, des ustensiles ménagers, etc.

MINERAI DE ZINC

Ce minerai se trouve dans les roches sédimentaires ou volcaniques. On utilise surtout le zinc pour protéger d'autres métaux de la rouille.

MINERAI DE PLOMB

Le minerai de plomb se trouve dans les roches calcaires. Le plomb est utilisé dans la réalisation des conduites d'eau et de gaz, des plombs de chasse, etc.

inerais

LES METAUX PRECIEUX

Rares et particulièrement beaux, l'or, l'argent et le platine sont utilisés depuis longtemps par les hommes pour fabriquer des pièces de monnaie et des bijoux.

Après qu'un fermier eut découvert de l'or en Californie, ce fut la ruée et des milliers de personnes se précipitèrent pour essayer d'en trouver dans les rivières. Les réserves d'or les plus importantes se trouvent en Afrique du Sud.

Les anciens Egyptiens sont une des premières civilisations à avoir su travailler l'or. Ils l'utilisaient pour décorer les masques mortuaires, les sarcophages, mais aussi pour fabriquer des bijoux, etc.

L'or est extrait des mines souterraines, mais on en découvre également dans les rivières. On le trouve soit sous forme de pépites, soit sous forme de poussières qui sont fondues, nettoyées et moulées.

filon d'or

pépite

La plus grosse pépite d'or a été trouvée en 1872 en Australie. Elle pesait 214,320 kg. La plus pure, découverte aussi en Australie, contenait 69,920 kg d'or pour un poids de 70,920 kg.

rameaux d'argent

timbale en argent

Moins rare que l'or, l'argent est utilisé pour fabriquer des bijoux. Il sert aussi à la fabrication du papier photo ou pour la réparation des dents.

grains de platine

pépite de platine

Le platine est un métal encore plus précieux que l'or. Les pépites de platine sont rares. On trouve le platine surtout sous forme de petits grains.

Les mi

QUELQUES MINERAUX

Les roches sont constituées par l'assemblage et la combinaison de plusieurs minéraux. Les minerais sont des minéraux contenant des éléments métalliques. Il existe actuellement 4 000 minéraux identifiés, mais on en découvre régulièrement de nouveaux.

BLOC DE GRANITE

Le talc : c'est le plus tendre de tous les minéraux. Il sert à la fabrication des poudres de toilette.

Le granite est une roche magmatique venue du centre de la Terre. Les minéraux les plus abondants qui le composent, mica, quartz et feldspath, sont visibles à l'œil nu. On peut les identifier grâce à leur couleur. Le mica est noir, le feldspath est rose et blanc et le quartz gris. Ces minéraux sont présents dans presque toutes les roches.

quartz

mica

feldspath

La rose des sables se forme dans la nature par un assemblage particulier des éléments qui constituent le gypse. Ce minéral est présent partout dans le monde là où il y a eu évaporation d'eau de mer. Le gypse est utilisé pour faire du plâtre de moulage.

Le graphite est un des minéraux les plus tendres. Grâce à cette propriété, il est utilisé dans la fabrication des mines de crayon, car il laisse une trace sur le papier.

Propriétés optiques

Lorsque la lumière traverse un morceau de calcite, un effet optique se produit et on a l'impression qu'il y a deux tiges. Ce phénomène se produit avec de nombreux minéraux.

Les roches calcaires

Les falaises qui bordent les côtes sont constituées essentiellement de roches sédimentaires calcaires qui renferment un minéral très répandu : le calcite. Le calcaire est beaucoup utilisé comme pierres de construction. Il entre aussi dans la fabrication du ciment.

néraux

LE DIAMANT : C'EST LE PLUS DUR DES MINERAUX

Ce minéral est surtout utilisé en bijouterie, mais également dans l'industrie à cause de sa dureté, pour couper le verre par exemple. La qualité du diamant dépend de sa couleur, de sa transparence et de son poids, exprimé en carats (un carat = 0,2 g).

Extraction de diamants dans une mine d'Afrique du Sud. Ce pays est le premier producteur de diamants.

Le plus gros diamant, le Cullinan, a été trouvé en 1905 en Afrique du Sud. Il pesait 621,12 g. Taillé en 1908, il orne le sceptre royal d'Angleterre. Le premier diamant a été découvert en Inde 300 ans avant Jésus-Christ.
Sais-tu que les diamants ne sont pas tous blanc transparent ?
Il en existe des rouges et des bleus.

QUELQUES PIERRES PRECIEUSES

Les pierres précieuses sont des minéraux très rares qui ont une forme, un éclat et une couleur magnifiques. Depuis l'Antiquité, on les utilise pour fabriquer des bijoux.

aigue-marine

saphir bleu

opale

rubis

L'émeraude et **l'aigue-marine** proviennent du même minéral. Elles se différencient par leur couleur. L'aigue-marine varie du bleu très clair au bleu vert. L'émeraude est verte.

Il existe des **saphirs bleus**, roses ou jaunes. On peut en trouver dans le lit de certaines rivières.

Les opales sont irisées et reflètent de nombreuses couleurs.

Le rubis est rouge. Il provient du même minéral que le saphir.

émeraude

topaze

L'émeraude pure est très rare et a beaucoup de valeur. Cette pierre présente en effet souvent des impuretés.

Les topazes les plus grosses sont incolores ou bleu pâle. Mais celles qui ont le plus de valeur sont de couleur jaune d'or.

PIERRES DECORATIVES

Les turquoises sont utilisées depuis toujours pour faire des bijoux. Plus leur couleur vire au vert et moins elles ont de valeur.

Le jade est une pierre très dure qui permet de faire de belles sculptures.

Jeux des

A QUOI SERVAIENT LES ECLATS DE SILEX ?

Si tu observes bien ces éclats de silex taillés, tu remarqueras qu'ils ont tous des formes bien différentes. Les hommes les utilisaient pour des fonctions bien précises. Chaque silex étant représenté par une lettre, essaie de compléter les phrases ci-dessous.

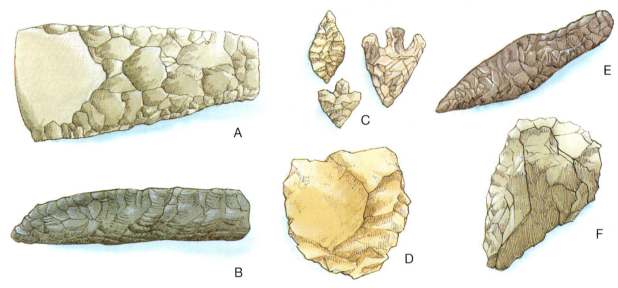

Il y a 300 000 ans, nos ancêtres se servaient de l'éclat de silex… pour briser les os des animaux.

Plus tard, environ 50 000 ans avant Jésus-Christ, ils ont utilisé l'éclat de silex… pour enlever la peau des animaux qu'ils avaient tués.

Plus près de nous, entre 4 500 et 2 000 ans avant Jésus-Christ, les hommes ont fabriqué des outils et des armes. Ils faisaient des haches avec le silex… et des poignards avec le silex…

Pour couper les céréales, ils utilisaient des faucilles qu'ils confectionnaient grâce au silex…

Les hommes fabriquaient aussi des flèches avec le silex… pour se défendre de leurs ennemis et des animaux sauvages.

minéraux

LES BELLES PIERRES

Après avoir observé les pierres précieuses dessinées ci-contre, retrouve leur nom qui figure sur les étiquettes ci-dessous.

SAPHIR
RUBIS
DIAMANT
EMERAUDE
AIGUE-MARINE
TURQUOISE

UNE PIERRE POUR CHAQUE CHOSE

Retrouve quelle pierre on a utilisée pour construire la maison, alimenter la cuisinière, confectionner le toit et réaliser le bijou.

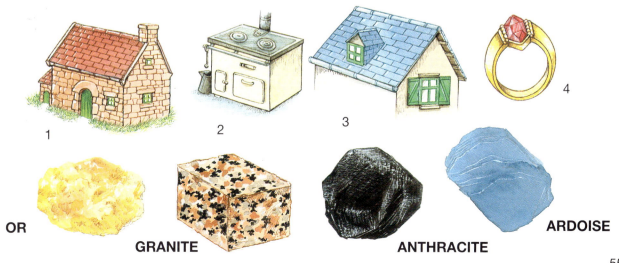

OR — GRANITE — ANTHRACITE — ARDOISE

Les

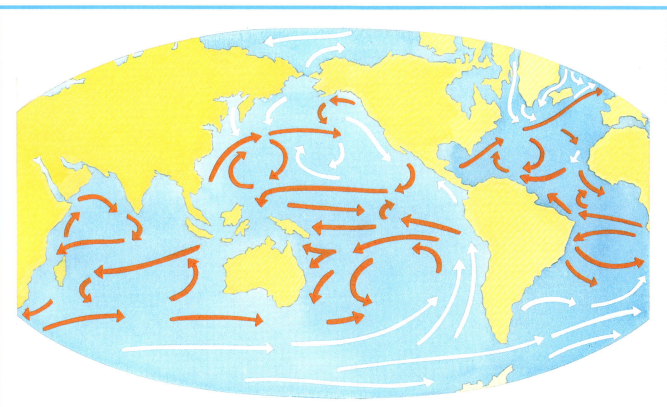

Des fleuves sous-marins : les courants

Les courants sont comme de grands fleuves qui se déplacent à la surface de la mer ou dans les profondeurs. Ces courants sont provoqués par les vents et par les différences de température entre les eaux de la surface et les eaux des profondeurs. Les courants, qui sillonnent tous les océans, sont déviés vers la droite dans l'hémisphère Nord et vers la gauche dans l'hémisphère Sud. Ce phénomène est dû à la rotation de la Terre.
Il existe des courants chauds, comme le Gulf Stream, qui part du golfe du Mexique et va jusque dans la Manche, ou des courants froids.

Schéma pour montrer la place occupée par l'eau si tous les continents étaient rassemblés en un même endroit.

Les trois plus grands océans sont l'océan Pacifique, l'océan Atlantique et l'océan Indien.

La planète océan

Vue de l'espace, la Terre a un aspect unique : elle est bleue. Cette couleur est due à l'atmosphère, mais aussi à l'immensité des océans qui la recouvrent.
En effet, 7/10es de la surface de notre planète sont occupés par les océans.

océans

LES RELIEFS SOUS-MARINS

Le relief du fond des océans ressemble au relief des continents, avec de hauts sommets qu'on appelle des dorsales, des vallées très profondes, les fosses, et de grandes étendues plates, les plaines.

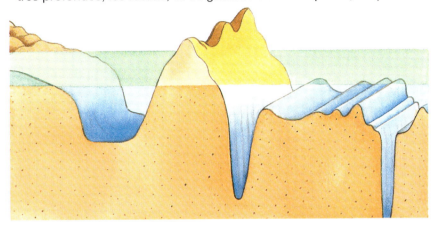

LES RICHESSES DE LA MER

A. Le sel, qui est récolté dans les marais salants après évaporation de l'eau.

A

B. Les nodules de manganèse, qui sont de petites boules formées à partir d'arêtes de poisson et de dents de requin. Ils contiennent des minerais importants, comme le minerai de nickel.

B

C. Les huîtres perlières.

D. Le sable et les graviers.

C

E. Le pétrole, que l'on exploite sur des plates-formes pétrolières.

F. Le tourisme.

G. Les algues, utilisées dans certains aliments, des produits de beauté, des médicaments.

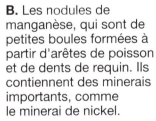
D

H. Les poissons.

E

F

G

H

LE SAIS-TU ?

• Le record de plongée en apnée, c'est-à-dire sans respirer, est d'un peu plus de 100 m.

• Un Américain est resté sous l'eau pendant 13 minutes sans respirer, à 3 m de profondeur.

• Un homme équipé d'un costume d'homme grenouille et de bouteilles d'oxygène, est resté 110 h sous l'eau dans une piscine.

• Avec un bathyscaphe, le Trieste, un homme est descendu à 10 918 m de profondeur, dans une fosse de l'océan Pacifique.

• A partir de 2 000 m de profondeur, la nourriture disponible est réduite. C'est le royaume de poissons très étranges. Ils ont une énorme bouche et des dents très pointues. Certains ont même des sortes de petites lumières sur leurs flancs pour attirer leurs proies dans le noir (sous l'eau, il n'y a plus de lumière à partir de 200 m de profondeur).

• Les algues sont les premières plantes qui aient fait leur apparition sur notre planète, il y a 800 millions d'années.

Toutes les mers n'ont pas le même taux de sel.
Ainsi, la mer Morte est particulièrement salée. Elle présente à sa surface de nombreuses sculptures de sel et, si tu te baignes, tu flottes sans efforts.

Les océans polaires sont gelés pendant une grande partie de l'année.
Seuls les brise-glace sont capables de se frayer un chemin en brisant la banquise pour permettre aux bateaux plus petits de passer.

Le paysage qu'offrent les côtes est souvent très beau, que ce soient les longues plages de sable fin, les falaises abruptes, les baies parsemées d'îles, ou encore les superbes fjords qui s'enfoncent dans les terres ou les calanques.
Les vagues contribuent à modifier ces côtes, mais l'évolution est plus ou moins rapide suivant la nature des roches qui les constituent.

LES MAREES

Une marée dure environ 12 heures 30. Pendant 6 heures, la mer se retire : c'est le reflux. Elle reste un quart d'heure à son point le plus bas, puis remonte en 6 heures et reste un quart d'heure à son point le plus haut avant de redescendre.

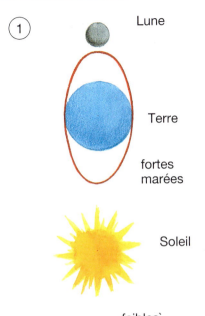

① Lune / Terre / fortes marées / Soleil

② faibles marées / Terre / Lune

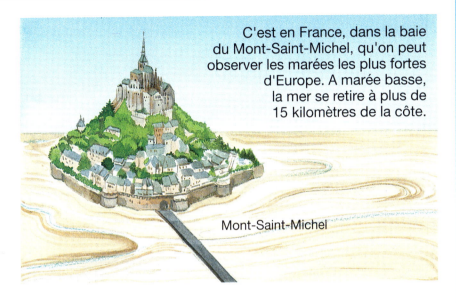

C'est en France, dans la baie du Mont-Saint-Michel, qu'on peut observer les marées les plus fortes d'Europe. A marée basse, la mer se retire à plus de 15 kilomètres de la côte.

Mont-Saint-Michel

Utiliser la force de la marée.

L'usine marémotrice de la Rance, en Bretagne, utilise la force de la marée pour produire de l'électricité. En montant et en descendant, la mer actionne des turbines.

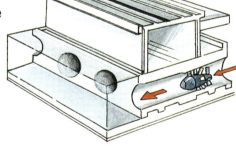

Les marées sont dues principalement à l'attraction de la Lune et du Soleil.

La Lune, qui est moins grosse que le Soleil, mais beaucoup plus proche de la Terre, exerce une attraction plus forte. Lorsque le Soleil et la Lune sont alignés avec la Terre (position 1), on assiste à de grandes marées. En revanche, quand la Lune et le Soleil sont dans la position 2, les marées sont très faibles.

phare sur un rocher

Sur la plage, la hauteur d'eau est faible. A marée basse, la mer se retire très loin, découvrant ainsi une grande étendue de sable.

Sur une crête rocheuse, la hauteur d'eau est importante et, même à marée basse, la mer ne se retire pas.

Jeux de

Le capitaine Auloncourt raconte ses aventures.

Est-ce possible ou impossible ?

POSSIBLE OU IMPOSSIBLE ?

A. Il m'est arrivé de faire des rencontres extraordinaires en plongeant sans bouteilles d'oxygène, dans les abysses et je me suis souvent retrouvé nez à nez avec de terrifiants monstres marins.

B. Mon plus beau souvenir a été mon voyage autour du monde en solitaire. A bord de mon trimaran, j'ai traversé le plus grand océan, l'océan Pacifique, avant d'atteindre l'océan Atlantique. Mais jamais je n'ai pu voir la terre, car il y avait toujours de l'eau à perte de vue autour de moi.

C. J'ai été très impressionné lorsque j'ai enfin aperçu les baleines. C'était pendant la saison des amours et les femelles s'étaient toutes rassemblées pour couver leurs œufs.

D. Toujours à bord de mon trimaran, j'ai atteint le pôle Nord. On était en plein hiver et ça a été très difficile.

E. Avec le bathyscaphe de mon ami le capitaine Barberousse, on a plongé à une profondeur de 3 000 m pour pouvoir admirer la flore et la faune sous-marine.

s océans

REFLECHIS BIEN

A. Christophe sait très bien naviguer et il a pris son bateau pour sortir en pleine mer.

Il remarque alors qu'à marée haute l'eau arrive au deuxième barreau de l'échelle.

Perplexe, il se demande ce qui se passera à marée basse et à quel barreau l'eau arrivera.

Peux-tu l'aider à trouver la réponse, sachant que la marée dure 6 heures, que la mer descend de 5 cm par heure et qu'il y a 15 cm entre chaque barreau de l'échelle ?

B. Robinson traversait l'Atlantique en solitaire et pensait arriver quelques semaines plus tard en Angleterre. Malheureusement, après une violente tempête, il s'échoua sur une île déserte, au large de la Floride.

Perdu au milieu de l'océan, il commençait à perdre espoir quand il trouva enfin le moyen de prévenir ses amis restés sur les côtes anglaises. Il mit un message dans une bouteille qu'il jeta à la mer.

Pourquoi y a-t-il de grandes chances pour que cette bouteille soit récupérée par des pêcheurs anglais ?

Les pa

Contrairement à ce que l'on croit, les déserts ne sont pas vides de toute vie. Malgré la chaleur et la sécheresse, des plantes et des animaux y vivent. Ils se sont adaptés. Les déserts sont les régions du monde qui reçoivent le moins de pluie. Plusieurs années peuvent se passer sans qu'aucune goutte tombe.

Les déserts se caractérisent par une très grande chaleur. Dans la journée, des températures de 50° C et plus sont fréquentes. La nuit, elles descendent aux alentours de 10° C, même parfois plus bas.

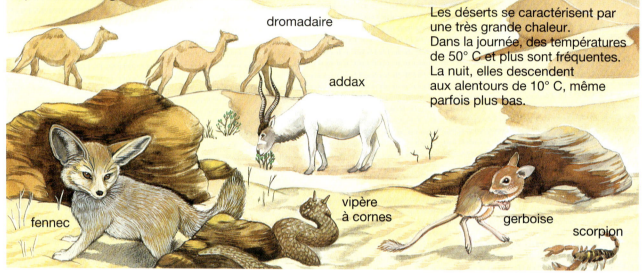

dromadaire, addax, fennec, vipère à cornes, gerboise, scorpion

LE SAHARA, LE PLUS GRAND DESERT DU MONDE

Le Sahara, situé en Afrique, est un immense plateau entrecoupé de grandes étendues de sable. Poussé par le vent, ce sable forme des dunes.
Les dromadaires, qui vivent dans ce désert, n'ont pas d'eau dans leur bosse, mais de la graisse qui leur permet de vivre plusieurs jours sans boire ni manger.
Malgré les apparences, l'eau est partout présente, mais à de très grandes profondeurs.
Les oasis sont des endroits couverts de végétation grâce à la présence de l'eau en surface ou à faible profondeur. Ces oasis sont souvent peuplées.

ysages

DESERT D'AMERIQUE DU NORD

pic de Gila

Le cactus n'a pas de feuilles, mais des aiguilles.

Dès qu'elles reçoivent quelques gouttes de pluie, les graines germent. Les plantes se développent alors rapidement, fleurissent et produisent de nouvelles graines qui attendront parfois des années avant de germer à leur tour.

salamandre
tortue du désert
moufette
scorpion
crotale

Les paysages des déserts américains sont très variés. Certains sont des déserts de sable et de roches, d'autres présentent une végétation caractérisée par l'abondance de cactées, ces plantes grasses épineuses, et d'autres végétaux parfaitement bien adaptés aux longues périodes de sécheresse.

Paysage du Sahel, en Afrique

Les déserts avancent

Chaque année, les déserts avancent. Ils s'accroissent en moyenne de 60 000 km^2. Cette dégradation réduit des millions d'hommes à la famine. C'est le cas du Sahel, situé en bordure du Sahara, où la population, qui augmente sans arrêt, détruit les arbres et les arbustes qui la protégeaient du désert.

Paysage méditerranéen

De nombreuses régions méditerranéennes, jadis couvertes de forêts de pins et de chênes, sont de nos jours des déserts de cailloux à cause de l'homme, qui a abattu les arbres.

LES REGIONS POLAIRES

Ce sont les régions les plus froides au monde.
Dans cet univers presque désert et recouvert de glace, la vie est très difficile. En effet, la température varie entre 0° C et 5° C en été, selon les régions. En hiver, elle peut atteindre – 80° C.

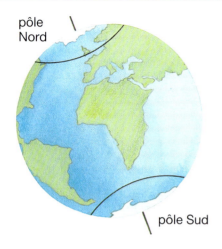

pôle Nord

pôle Sud

REGION DU POLE NORD

Le pôle Nord est situé dans l'océan Glacial arctique. Il est entièrement recouvert d'une couche de glace de 3 à 4 m d'épaisseur : la banquise.
Cet océan est bordé par des côtes basses ou des montagnes aux vallées occupées par des glaciers.
L'Arctique englobe une partie de l'Alaska, du Canada, de la Suède, de la Norvège, et presque entièrement le Groenland.

Dans ces régions, l'été reste très frais, même si les rivages se recouvrent de verdure et de fleurs et se peuplent d'oiseaux et de nombreux mammifères. Certains animaux vivent sur la terre ferme, comme les loups ou le bœuf musqué. D'autres vivent sur terre et dans l'eau. C'est le cas de l'ours blanc, parfaitement bien adapté à la vie sur la glace et dans l'eau.
Contrairement à l'Antarctique, l'Arctique a été colonisé pendant de nombreuses années par des Esquimaux, des Lapons et des tribus venues de Sibérie.

C'est à cause de l'inclinaison de l'axe de la Terre que, pendant les 6 mois d'hiver, un pôle ne reçoit pas la lumière du Soleil. Quand il la reçoit pendant les 6 autres mois, l'inclinaison des rayons du Soleil est telle que la chaleur est inexistante. Sur ces régions, il n'y a pratiquement pas de précipitations.

QUELQUES ANIMAUX DES REGIONS DU GRAND NORD

loup

bœuf musqué

Le bœuf musqué résiste au froid grâce à son épaisse fourrure et à ses réserves de graisse.

Pendant l'hiver arctique, l'ourse creuse sa tanière dans la glace pour mettre ses petits au monde.

ours blanc

morse

narval

Pendant l'été, sur les terres qui bordent l'océan Glacial arctique, les couches superficielles du sol dégèlent et les végétaux se développent et se mettent à fleurir très rapidement, offrant ainsi de la nourriture à quelques animaux.

BANQUISE ET ICEBERGS

La banquise est constituée par l'eau des océans qui a gelé. Les icebergs sont d'énormes blocs de glaciers qui sont tombés dans l'eau. Composés d'eau douce, les icebergs flottent et dérivent, poussés par les courants.

REGION DU POLE SUD

Le pôle Sud est situé sur un continent appelé l'Antarctique, entouré de tous côtés par les eaux et pratiquement toujours recouvert par la glace, épaisse de plus de 4 000 m par endroits. Cette glace s'écoule dans la mer par de nombreux glaciers qui donnent naissance à d'énormes icebergs. L'Antarctique est parcouru de place en place par des montagnes qui sont un prolongement de la cordillère des Andes, située en Amérique du Sud. En été, les eaux de l'Antarctique sont très riches en krill (ensemble de minuscules crustacés), qui est la nourriture préférée de nombreux poissons, des baleines et des mollusques. Le phoque-léopard, lui, chasse les manchots. Pendant le terrible hiver, de nombreux animaux fuient cette région hostile : les manchots, les éléphants de mer ou les baleines. Mais le poisson-glace, lui, reste. Il possède une substance dans son sang qui l'empêche de geler lorsque la température de l'eau descend au-dessous de 0° C. Le climat de l'Antarctique est le plus dur de toute la planète. Les températures sont très basses, elles peuvent aller jusqu'à – 88° C. La température moyenne annuelle est de – 50° C.

Aucun homme n'a jamais habité l'Antarctique. Ceux qui y vivent aujourd'hui sont des scientifiques qui viennent y mener des missions d'observation.
Protégé, ce continent se trouve encore à peu près dans l'état où le découvrirent les explorateurs. Les scientifiques pensent qu'il y a beaucoup de minerais, du pétrole et du charbon sous la glace.

QUELQUES ANIMAUX DE L'ANTARCTIQUE

- éléphant de mer
- baleine
- phoque de Weddell
- manchot
- phoque-léopard

Dans les régions du pôle Sud, en été, lorsque la calotte glacière fond sur le bord des côtes, quelques mousses et des lichens apparaissent. Mais les végétaux sont rares et ne permettent pas aux animaux de s'en nourrir. On trouve très peu de plantes à fleurs qui aient réussi à s'adapter au froid et au vent.

FORET TROPICALE

Les forêts des régions tropicales, chaudes et humides,
sont souvent constituées d'arbres très hauts à feuilles persistantes
et de plantes exubérantes qui se développent sur les troncs
et les branches des arbres.

LA LUTTE POUR LA LUMIERE

Dans la forêt tropicale, le feuillage des arbres est si dense que les pluies atteignent rarement le sol. Ce même feuillage empêche également la lumière du soleil de pénétrer. Pour atteindre cette lumière, les lianes s'agrippent aux troncs des arbres.

LE SAIS-TU ?

Dans la forêt tropicale vit un nombre encore inconnu d'espèces d'insectes différentes. Chaque année, les scientifiques en découvrent de nouvelles.

QUELQUES ANIMAUX DE LA FORET TROPICALE D'AMAZONIE

1. caïman - 2. singe araignée - 3. ouakari
4. loutre géante - 5. toucan - 6. singe hurleur.

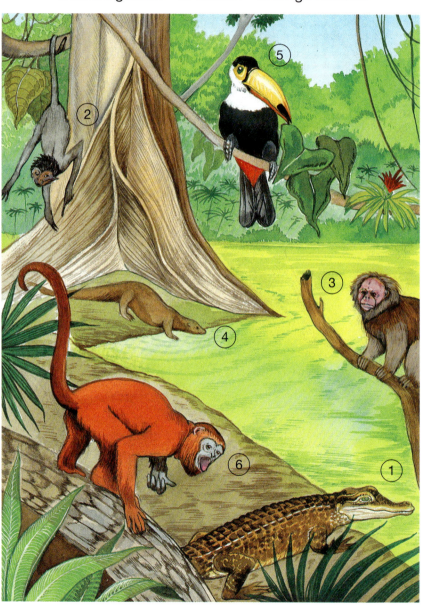

Il pousse tant d'arbres et de plantes dans ces forêts que l'on peut très difficilement s'y déplacer.
Le seul moyen pratique d'y circuler est de naviguer en bateau sur les rivières ou les fleuves.

LA MANGROVE

La mangrove est une forêt de palétuviers qui se développe
le long des côtes et dans les estuaires des fleuves.
Elle est périodiquement submergée par la marée.

Dans la mangrove, le sol est si mou que les racines
des arbres plongent profondément dans l'eau.
Mais pour que les arbres puissent "respirer",
une partie de leurs racines se développe à l'air libre.

Les mangroves abritent de nombreux animaux : des oiseaux, comme les aigrettes et les ibis qui nichent dans les arbres, des reptiles, des mollusques et des crustacés.

Le crabe violoniste est un des animaux étonnants de la mangrove. L'une de ses pinces, très développée, lui sert à se défendre et aussi à attirer sa femelle en émettant des sons par frottement sur sa carapace.

Le dragon de Komodo, qui vit dans les mangroves d'Asie, est le plus grand lézard du monde. Il mesure jusqu'à 3,50 m de long.

FORET TROPICALE D'ASIE

Si toutes les forêts tropicales présentent la même végétation exubérante, la faune, en revanche, est différente d'un continent à l'autre.

Quelques animaux de la forêt tropicale d'Asie

1. orang-outan - 2. rhinocéros de Sumatra
3. tigre - 4. écureuil.

L'arapaima géant est un poisson doté de poumons qui lui permettent d'absorber l'oxygène de l'air.
Il peuple les eaux chaudes pauvres en oxygène des mangroves.

LA SAVANE AFRICAINE

Située entre la forêt équatoriale et le désert, la savane africaine est une plaine recouverte d'herbe dans laquelle poussent quelques arbres et des arbustes.

C'est dans la savane africaine que les oiseaux migrateurs d'Europe, flamants roses, hérons, cigognes, viennent passer l'hiver.

Comme les hyènes, les vautours sont des charognards. Ils se nourrissent de restes d'animaux morts. Ils sont extrêmement utiles, car ils empêchent ainsi les maladies de se développer.

Parmi les insectes qui vivent dans la savane, les termites se font remarquer par leurs termitières géantes.

baobab, acacia, girafe, gazelles, éléphant, rhinocéros, zèbres, lion, babouin

La savane forme les paysages les plus caractéristiques de l'Afrique et abrite une très grande quantité d'animaux.
La savane connaît deux saisons : une saison sèche et une saison des pluies, mais il y fait toujours chaud.
Grâce à ces pluies, les plantes et les animaux peuvent résister à la sécheresse.
Les grands troupeaux de mammifères qui vivent dans la savane ne s'éloignent jamais des mares. Ils en ont besoin pour boire ou pour se baigner.

LA STEPPE D'ASIE

La steppe d'Asie est une grande étendue qui ressemble à une immense prairie. Elle présente des paysages divers allant de l'étendue d'herbe pure à la steppe boisée. La steppe d'Asie connaît deux saisons contrastées : un hiver très froid et un été torride.

outarde

Les oiseaux de la steppe sont, pour la plupart, des oiseaux migrateurs. Ils arrivent au début de la saison chaude et repartent avant la saison froide.

Comme ils ne trouvent pas d'abris naturels, les rongeurs creusent des galeries souterraines.
Ces galeries servent parfois de refuges à certains oiseaux.

hermine

A travers cette immense prairie errent de grands troupeaux de saïgas, ces grandes antilopes qui se nourrissent d'herbe et de buissons épineux.
C'est aussi le royaume de nombreux rongeurs terrestres, comme les hamsters ou les campagnols.
Il y a bien des années, des troupeaux de bisons d'Europe et de chevaux sauvages parcouraient la steppe, mais ils ont malheureusement disparu aujourd'hui.

En hiver, la fourrure de nombreux animaux est plus épaisse.
Celle de l'hermine change même de couleur. Brune en été, elle devient blanche en hiver.

PRAIRIES ET CHAMPS DES REGIONS TEMPEREES

Les prairies et les champs sont des étendues d'herbe que l'homme a créées. Avant, ces terres étaient surtout recouvertes de forêts, mais pour faire paître ses animaux et développer l'agriculture, l'homme a dû abattre des arbres.

Quelques animaux des champs et des prairies : 1. hérisson - 2. lapin - 3. musaraigne - 4. chardonneret - 5. papillon - 6. orvet - 7. sauterelle - 8. escargot.

Si un champ est laissé à l'abandon, buissons et arbres réapparaissent très vite. Il faut environ 50 ans pour qu'une forêt se reconstitue. Suivant les régions, les champs sont bordés de murets, comme en Angleterre, ou de haies, comme en France, afin de protéger du vent les animaux et les cultures.

Les orties poussent là où les animaux laissent leurs crottes, sur le sol où on a brûlé des ordures et parmi les vieilles pierres.

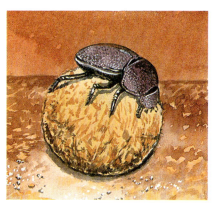

Le bousier débarrasse les prairies des bouses laissées par les vaches.
Il en a besoin, car sa femelle y pondra ses œufs.

A cause des herbicides et des engrais chimiques, **les coquelicots** et **les bleuets** disparaissent peu à peu des champs de blé.

FORÊTS DES RÉGIONS TEMPÉRÉES

Il existe deux sortes de forêts : celles qui sont constituées d'une majorité d'arbres qui perdent leurs feuilles en automne (chênes, hêtres, marronniers…) et celles dont les arbres ont des feuilles persistantes (pins, sapins, cèdres…).

Quelques animaux vivant en forêt : 1. ours - 2. sanglier - 3. renard - 4. écureuil 5. blaireau - 6. cerf - 7. chat sauvage - 8. martre - 9. bouvreuil

Il est très difficile d'apercevoir des animaux dans la forêt. Pour espérer voir un cerf, par exemple, il faut se cacher et ne plus bouger pendant assez longtemps. C'est en effet un animal très craintif, qui se camoufle au moindre bruit. Le blaireau, quant à lui, sort surtout la nuit, de même que le sanglier et le renard.

Le geai planteur de chênes.
Le geai adore les glands. Il les enfouit dans les champs pour les manger plus tard, mais souvent il les oublie. Le gland germe, donnant naissance à un petit chêne.

Les forêts d'arbres à feuilles caduques (qui tombent) changent suivant les saisons.
En automne, par exemple, elles offrent des couleurs superbes, allant du jaune doré au rouge.

Dans les régions méditerranéennes, il y a de **belles forêts de pins parasols** qui restent verts toute l'année. Leurs aiguilles tombent, mais pas toutes en même temps.

LES MARAIS

Les marais ou marécages sont des étendues d'eau douce plus ou moins grandes où pousse une végétation importante et qui abritent de nombreux animaux. Ils sont en général peu profonds.

FAUNE ET FLORE D'UN MARAIS DES REGIONS TEMPEREES

1. martin-pêcheur - 2. rousserole - 3. libellule - 4. grenouille
5. héron - 6. canard colvert - 7. dytique - 8. araignée d'eau - 9. têtard
10. sangsue - 11. moule d'eau douce - 12. brochet
13. perche - 14. carpe - 15. nénuphar - 16. roseau - 17. jonc.

LES MARAIS DES PAYS CHAUDS

Les marais n'ont pas tous la même faune. Ainsi, dans les pays chauds, on trouve de grands mammifères qui viennent souvent se baigner pour lutter contre la chaleur et les morsures des insectes.

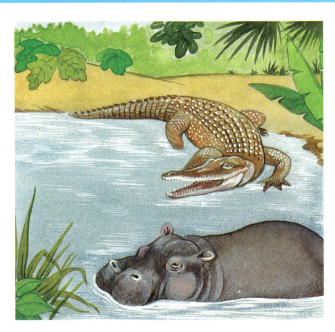

Les hippopotames passent une grande partie de leur journée dans les eaux dormantes. En y abandonnant leurs excréments, ils favorisent le développement d'algues, alimentation des poissons, qui seront à leur tour mangés par les crocodiles.
En Asie, le tigre fréquente aussi les marais et il y passe de nombreuses heures.

LES ETANGS

Les parents construisent leur nid ensemble en empilant des couches de boue.

Les flamants roses se nourrissent d'algues ou de crevettes pêchées dans la vase.

Les étangs sont des retenues d'eau naturelles ou artificielles, souvent destinées à l'élevage des poissons. De nombreux oiseaux habitent les étangs, notamment les flamants roses, qui recherchent les étangs d'eau salée.

LES FLEUVES

Les torrents descendent les sommets des montagnes, rejoignent les ruisseaux et les rivières pour former, dans les vallées, des cours d'eau plus importants : les fleuves, qui vont couler jusqu'à la mer.

Un glacier se forme en montagne, à une altitude où la température est froide toute l'année. En glissant vers le bas de la montagne, le glacier est sujet à une augmentation de température qui le fait fondre, donnant ainsi naissance à un torrent.

Le Saint-Laurent est un grand fleuve canadien qui coule surtout dans la province du Québec. Il se jette dans l'océan Atlantique par un très long estuaire, véritable mer intérieure.
Longue voie navigable de 3 000 km, ce fleuve reste gelé plusieurs semaines durant le rude hiver canadien.

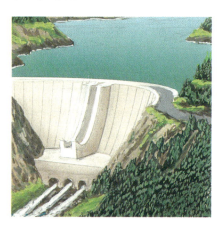

Utiliser la force de l'eau

Un barrage est un mur de béton qui utilise la force de l'eau pour produire de l'électricité. L'eau est retenue dans un lac artificiel. Un barrage permet aussi de réguler le cours des fleuves et d'empêcher les crues.

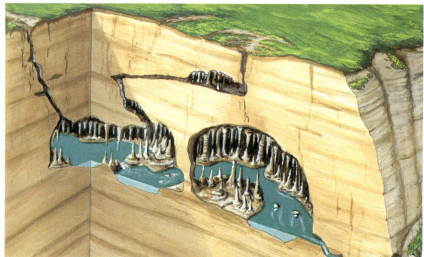

Il arrive qu'un torrent ou une rivière disparaisse dans un gouffre ou s'enfonce à travers une roche perméable.
En coulant, l'eau creuse des grottes et forme des sortes de tunnels à travers les roches. Après un voyage plus ou moins long, l'eau rejaillira à l'air libre.

Depuis l'Antiquité, les hommes se sont installés le long des grands fleuves pour pouvoir développer leur agriculture et assurer le transport de leurs marchandises. C'est ainsi que de grandes cités se sont formées, comme Paris sur la Seine ou Londres sur la Tamise.

Les chutes d'eau cassent le cours des rivières ou des fleuves et constituent des barrières infranchissables pour les poissons. Les plus célèbres, les chutes du Niagara, sont situées à la frontière entre le Canada et les Etats-Unis.
Les chutes d'Iguaçu, représentées ci-dessus, sont aussi très spectaculaires. Elles se trouvent en Amérique du Sud.

Le Nil est l'un des fleuves les plus longs du monde avec l'Amazone. Il coule surtout en Egypte et se jette dans la mer Méditerranée par un large delta, souvent paralysé par de véritables îles flottantes que constituent les jacinthes d'eau.

Certains fleuves sont dangereux à la navigation, car leur lit n'est pas assez profond et est souvent recouvert de bancs de sable importants et parfois invisibles, véritables pièges pour les bateaux.

Jeux des

A CHACUN SON PAYSAGE

Observe bien ces différents paysages et essaie ensuite de replacer chaque animal dans le milieu qui lui convient.

savane

région polaire

steppe d'Asie

forêt tropicale

forêt de climat tempéré

paysages

LES PAYSAGES SE TRANSFORMENT

Regarde attentivement les dessins ci-dessous. La colonne A représente des paysages à l'origine. Dans la colonne B sont illustrées les causes qui transforment les paysages et, dans la colonne C, les paysages transformés. Peux-tu associer le paysage d'origine, sa cause et le paysage transformé qui lui correspond ?

Les plantes

UN IMMENSE BESOIN D'EAU

Les plantes sans fleurs ne peuvent pas conserver l'eau qui leur est nécessaire. Aussi doivent-elle vivre dans l'eau ou dans des endroits humides.
Ci-dessus, mousses et fougères poussant au bord d'une fontaine.

Les champignons sortent en automne ou au printemps, lorsqu'il pleut.

LE SAIS-TU ?

Les plantes sans fleurs sont les premières plantes à avoir poussé sur Terre.
Elles sont apparues il y a 500 à 800 millions d'années dans les fleuves et les océans. Peu à peu, elles se sont développées sur le sol.

LES ALGUES

Les algues, les mousses, les lichens, les fougères et les champignons sont des plantes sans fleurs. Elles n'ont donc pas de graines et se reproduisent d'une façon particulière.

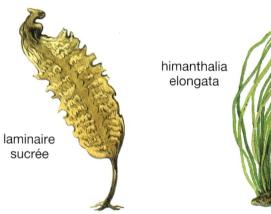

laminaire sucrée

himanthalia elongata

La poudre blanche qui apparaît lorsqu'elle sèche est sucrée. En Extrême-Orient, la laminaire sucrée est utilisée comme une friandise.

C'est une algue en lanières très résistante, qui peut mesurer jusqu'à 3 m de long.

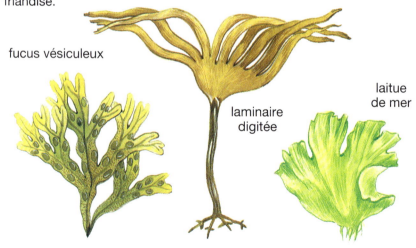

fucus vésiculeux

laminaire digitée

laitue de mer

Surtout présent sur les rochers, il entre dans la composition de produits pharmaceutiques.

Elle est utilisée dans la fabrication des crèmes glacées.

Très commune, elle vit souvent dans les eaux peu profondes.

Les algues possèdent toutes de la chlorophylle. Elles sont capables de fabriquer leur nourriture grâce à la photosynthèse. Elles ont parfois des crampons, qui ressemblent à des racines et qui leur permettent de s'accrocher aux rochers.

sans fleurs

LES MOUSSES

Les mousses sont formées de milliers de plantes qui poussent les unes près des autres. Leur taille minuscule est due au fait que leurs tiges sont trop faibles pour se développer.

LES LICHENS

Les lichens sont les seules plantes capables de résister aux très grands froids. On les rencontre particulièrement en haute montagne et dans les régions polaires.
Les lichens résultent de l'association d'une algue et d'un champignon. L'algue apporte la chlorophylle et le champignon retient l'eau.

LES FOUGERES

polypode verruqueux

scolopendre

REPRODUCTION DES FOUGERES

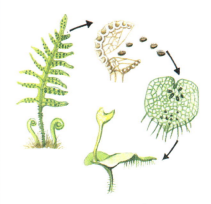

Leur reproduction est très complexe. Sur l'envers des feuilles se trouvent de petites taches, les sporanges, qui libèrent une fine poudre, les spores.
En germant, les spores produisent des prothalles, qui sont des sortes de petites lames contenant les organes mâles et femelles. Pour que la fécondation ait lieu et qu'une nouvelle plante naisse, il faut l'intervention d'une petite goutte d'eau.

LES CHAMPIGNONS

Ce sont des plantes sans fleurs, sans tige et sans feuilles.
Ce sont aussi des plantes qui n'ont pas de chlorophylle.

LA TRUFFE

C'est un champignon sans pied qui se développe uniquement dans le sol. Il en existe des noires et des blanches.

QUELQUES CHAMPIGNONS COMESTIBLES

morille   chanterelle   mousseron   girolle

REPRODUCTION DES CHAMPIGNONS A VOLVE

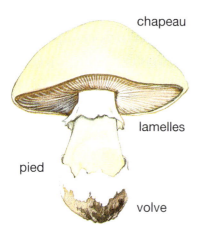

chapeau
lamelles
pied
volve

rosé des prés   trompette-de-la-mort   cèpe

Dans les lamelles du chapeau se trouvent des spores. Lorsque le champignon a terminé sa croissance, ces spores tombent sur le sol et des filaments se développent, constituant le mycélium, qui forme une sorte de petite boule, la volve (1 - 2).
A l'intérieur, le champignon se développe avant de sortir de sa cachette (3 - 4). Le champignon garde des traces de la volve autour de son pied. Tous les champignons n'ont pas de volve, mais de nombreux champignons dangereux en ont (voir les amanites).

1   2   3   4   5

Les champignons sont incapables de fabriquer leur nourriture. Pour se développer, ils puisent leur nourriture dans les plantes mortes ou vivantes sur lesquelles ils poussent.

QUELQUES CHAMPIGNONS VENENEUX

amanite phalloïde — MORTEL
amanite tue-mouches — TRES DANGEREUX
amanite panthère

amanite printanière — MORTEL
bolet Satan — TRES DANGEREUX
clitocybe de l'olivier

Les champignons mortels ne sont pas très nombreux, mais l'amanite phalloïde est responsable à elle seule de la plupart des morts dues à la consommation de champignons toxiques. L'amanite tue-mouches a des propriétés hallucinogènes (elle provoque des visions) et elle est très dangereuse.

Avant de consommer un champignon que l'on ne connaît pas, il est recommandé de demander conseil à un pharmacien.

PARASITES D'AUTRES PLANTES

Les champignons sont des parasites. Ils ne peuvent pas vivre sans l'aide d'une plante.

Ces champignons poussent sur un tronc d'arbre mort.

LE SAIS-TU ?

Des champignons utiles : les levures.
Les levures sont des champignons microscopiques que l'on utilise, entre autres, pour fabriquer le pain.
Dans la chaleur du fournil du boulanger, les levures, mélangées à la farine, se développent en quelques heures et font lever le pain.

On utilise aussi des levures pour fabriquer du vin, de la bière ou du fromage.

Jeux des plan[tes]

RECONNAIS-LES

Aide-toi des étiquettes pour identifier ces 6 champignons.

LE SAIS-TU ?

1. En 1986, on a découvert en Normandie une morille géante. Elle pesait 1,2 kg et mesurait 76 cm de haut.

2. La plus grosse truffe trouvée en France pesait 600 g.

3. La première algue est apparue dans la mer il y a 800 millions d'années environ. Elle était de couleur bleu-vert. C'est grâce à elle qu'il y a eu de l'oxygène. En effet, cette algue absorbe le gaz carbonique, très présent à cette époque, et rejette de l'oxygène, composant indispensable de l'air.

4. Les lichens furent les premières plantes qui sortirent de l'eau pour aller coloniser la Terre.

5. Les fougères sont apparues il y a plus de 400 millions d'années. Au temps des dinosaures, c'étaient même de véritables arbres qui pouvaient atteindre 45 m de haut et dont le tronc mesurait parfois jusqu'à 1 m de diamètre.

tes sans fleurs

VRAI OU FAUX ?

A. Le pape Jules de Médicis décéda en 1534 après s'être empoisonné en mangeant une amanite phalloïde.

B. Les champignons poussent dans les endroits secs et caillouteux.

C. Le lichen orangé est un végétal qui vit principalement sur les rochers des régions polaires de l'Arctique.

D. Certains champignons des forêts tropicales brillent la nuit.
Ils émettent alors une lumière étrange, aux reflets jaunes, orange et bleu-vert.

E. Les mousses se développent sur les troncs d'arbre, du côté sud.

F. Le plus gros champignon comestible jamais ramassé pesait environ 5 kg.

G. Les fougères sont apparues sur Terre il y a à peu près 100 000 ans.

83

La po

La pollution est aujourd'hui un problème extrêmement important sur toute la planète. L'air et l'eau sont pollués dans beaucoup d'endroits. Des forêts entières sont détruites. Des espèces animales sont menacées de disparaître. Et chaque jour, nous continuons à produire des déchets dont on ne sait pas encore comment se débarrasser.
Si l'on ne fait rien, ces actions de l'homme sur la nature risquent de changer la vie sur Terre. Déjà, des scientifiques annoncent que, dans quelques années, la température s'élèvera de quelques degrés. Les climats seront modifiés et la glace des pôles risque de fondre. Ce qui provoquera une montée du niveau de la mer.

De nombreuses usines et des villes déversent leurs déchets dans les fleuves et dans la mer.

Les gaz d'échappement des voitures et les fumées des usines polluent l'air.

Les milliers de tonnes de déchets ménagers qui ne peuvent pas être détruits sont stockés dans d'immenses décharges.

Un exemple de désastre écologique : le Rhin.
Ce fleuve était très propre à la fin du siècle dernier, mais les usines et les nombreuses villes qui le bordent l'ont transformé en véritable égout.
En 1986, une pollution catastrophique, due à

...llution

Le pétrole qui s'échappe des pétroliers accidentés tue des milliers d'oiseaux.

Les engrais utilisés pour améliorer les cultures produisent des déchets dangereux. Entraînés par les eaux des rivières, ces déchets se répandent dans les mers.

L'exploitation intensive des forêts détruit un grand nombre de plantes et l'habitation de nombreux animaux.

Les déchets des usines sont souvent très mal stockés, ce qui entraîne la pollution de la terre et des nappes phréatiques en profondeur.

un incendie dans une usine de Bâle, a détruit tous les poissons sur plus de 200 km ! Ces accidents ne sont pas exceptionnels. L'homme doit tirer des leçons de ses erreurs et réagir s'il ne veut pas que la planète devienne un monde hostile à toute vie.

PROTEGER L'ENVIRONNEMENT

Beaucoup de fleuves et de mers sont pollués,
des forêts disparaissent, des animaux sont massacrés…
Les méfaits de l'homme sont impressionnants.
Si on ne réagit pas, quel sera l'avenir de notre planète ?

ANIMAUX DISPARUS

Chassés en trop grand nombre, certains animaux ont totalement disparu, comme le dodo (ci-dessus) ou le grand pingouin, tué pour sa chair. La liste est très longue…

FLEURS EN SURSIS

De nombreuses espèces disparaissent petit à petit, comme le bleuet, qui égaie les champs de blé, ou la rafflésie d'Indonésie, qui est la plus grande fleur du monde. Cette espèce est malheureusement menacée par la destruction de la forêt tropicale dans laquelle elle pousse.

Toutes les mers fermées (mer du Nord, Méditerranée…) sont menacées par les pollutions. La mer d'Aral, quant à elle, est en train de disparaître, car l'homme a détourné un fleuve qui l'alimentait afin de pouvoir irriguer des champs de coton. Si rien n'est fait, cette mer sera bientôt rayée de la carte.

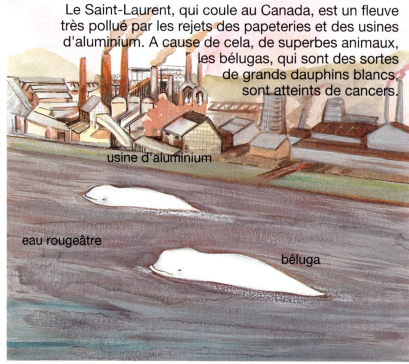

Le Saint-Laurent, qui coule au Canada, est un fleuve très pollué par les rejets des papeteries et des usines d'aluminium. A cause de cela, de superbes animaux, les bélugas, qui sont des sortes de grands dauphins blancs, sont atteints de cancers.

usine d'aluminium

eau rougeâtre

béluga

Il existe de nombreux moyens de protéger l'environnement. Par exemple, en traitant les eaux sales dans des stations d'épuration avant de les rejeter dans les rivières ; en obligeant les industriels à recycler leurs déchets ; en récupérant les vieux papiers pour ralentir la destruction des arbres qui servent à la fabrication de la pâte à papier.

ANIMAUX EN DANGER

L'éléphant d'Afrique et le rhinocéros sont en danger, car on les extermine pour leur voler leurs défenses en ivoire. Le gorille a longtemps été recherché pour subir des expériences scientifiques en laboratoire.

De nos jours, on détruit la forêt, son lieu d'habitation, pour en exploiter le bois. Le tigre de Sibérie a été chassé pour sa fourrure et il n'en reste plus que quelques centaines.

RESERVES ET PARCS NATURELS

De plus en plus de pays du monde ont créé des réserves ou des parcs naturels dans lesquels la nature est entièrement protégée.

Il est ainsi interdit d'y cueillir des fleurs ou des fruits et d'y chasser les animaux.

LE SAIS-TU ?

On est tous un peu responsable de la pollution et chacun peut lutter à sa manière pour protéger la nature. Un exemple : ne jeter aucun déchet dans la nature, mais dans une poubelle, surtout lorsqu'il s'agit de bouteilles et de sacs en plastique ou de boîtes de conserve.

Jeux de la

TROUVE LES BONNES REPONSES

L'homme est le principal pollueur et destructeur de la nature.

A. Le tigre de Sibérie, qui est le plus grand des tigres, vit dans les montagnes d'Asie centrale et orientale. Combien en reste-t-il ?

1. quelques dizaines   2. quelques centaines

B. Les fleurs des dunes disparaissent petit à petit. Quelles en sont les causes ?

1. le piétinement des touristes dans les dunes
2. les tempêtes
3. les constructions côtières

C. La mer d'Aral a perdu 40 % de sa superficie de 1930 à 1990. Quelle en est la raison ?

1. Le détournement des fleuves qui l'alimentent pour irriguer les champs de coton
2. La création d'un barrage sur le principal fleuve qui l'alimente
3. Le pompage de l'eau pour alimenter les villages avoisinants

D. Quelle est la première cause de mortalité des dauphins ?

1. les filets dérivants géants
2. le réchauffement des mers
3. la pollution des fleuves qui se déversent dans les lieux où ils vivent

E. Les Indiens d'Amazonie sont très inquiets, car ils voient leur forêt disparaître. Quelle est la surface anéantie chaque année uniquement par l'industrie du bois tropical ?

1. 10 000 km²   **2.** 25 000 km²   **3.** 50 000 km²

F. Parmi tous les animaux énumérés ci-dessous, lesquels sont en voie de disparition ?

En Afrique : le lion, la gazelle, l'okapi, le gorille, la girafe

En Amérique du Nord : le condor de Californie, le bœuf musqué, l'ours blanc, le wapiti, l'écureuil gris

G. Parmi ces trois oiseaux, lequel a disparu de la planète ?

1. la cigogne   2. le toucan   3. le dodo

pollution

DE CAUSE A EFFET

A gauche sont représentées des causes de pollution
ou de disparition d'animaux et, à droite, les conséquences.
Associe chaque cause à son effet.

 A — Barrage pour réguler les fleuves.

 G — Les gorilles disparaissent, car ils n'ont plus rien à manger.

 B — Pétrolier géant ayant heurté un rocher lors d'une tempête.

 H — Les forêts meurent, car les arbres sont détruits.

 C — Agriculteur arrosant son champ d'engrais chimiques pour améliorer le rendement.

 I — Les saumons ne peuvent plus rejoindre leur lieu de ponte.

 D — Usines chimiques rejettant des fumées chargées d'acide.

 J — De nombreux poissons meurent.

 E — Rejets industriels déversés dans les fleuves.

 K — Des milliers d'oiseaux meurent.

 F — Déforestation intensive des forêts tropicales.

 L — L'eau des nappes souterraines est polluée.

HISTOIRE D'UNE MONTAGNE

Les continents bougent sans cesse. Quand deux plaques se heurtent, il en résulte un soulèvement spectaculaire et l'apparition d'une chaîne de montagnes.
Mais ce soulèvement dure des millions d'années.

Au cours des temps, la pluie, la neige, le vent et les glaciers érodent les montagnes.
Les sommets s'arrondissent et, au bout de plusieurs millions d'années, ils disparaissent.
La chaîne de montagnes n'est alors plus qu'un massif aux collines peu élevées.

LES MONTAGNES

Les montagnes les plus jeunes sont apparues il y a 35 millions d'années. Leurs sommets élevés et pointus sont recouverts de neiges éternelles. Les montagnes les plus anciennes, aujourd'hui entièrement érodées, ont 400 millions d'années.

Les glaciers sont les principaux responsables de l'érosion des montagnes.
En se déplaçant très lentement, ils arrachent à la montagne d'énormes blocs de pierre qu'ils déposent plus loin.

reliefs

Le sommet des montagnes est souvent recouvert de neiges éternelles, de rochers ou de cailloux. En revanche, en dessous s'étendent des sortes de plateaux aux pentes douces tapissées d'herbe bien verte : les alpages. C'est le royaume des troupeaux de vaches et de moutons, qui viennent y paître pendant l'été.

Dans certaines régions, les pentes sont si abruptes que les champs doivent être soutenus par de petits murs. Les hommes pratiquent alors la culture en terrasses. De loin, ce paysage ressemble à un escalier pour géant ! Sur les pentes de l'Himalaya, les hommes utilisent ce système pour cultiver le thé.

LES PLUS HAUTS SOMMETS DU MONDE

En Asie, le point culminant de la chaîne de l'Himalaya est l'Everest. Il atteint 8 848 m. Cette chaîne de montagnes est née du choc entre la plaque de l'Inde et celle de l'Asie du Sud.

En Amérique du Sud, l'Aconcagua est le plus haut sommet de la cordillère des Andes, avec 6 959 m d'altitude. Il provient du choc entre les plaques du Pacifique et de l'Amérique du Sud.

En Europe, le mont Blanc domine les Alpes du haut de ses 4 807 m. Il est né du choc entre la plaque d'Afrique et la plaque eurasienne.

LES PLAINES

Les plaines se sont formées dans des régions autrefois occupées par la mer. Très plates, elles sont situées à des altitudes peu élevées, en général moins de 100 m au-dessus du niveau de la mer.

Les plaines sont des zones de communication facile. C'est pourquoi les hommes y ont construit des villes, des autoroutes et des voies de chemin de fer. C'est aussi dans les plaines que se développent l'agriculture et l'élevage, autour des fermes et des villages.

Dans la pampa sud-américaine, on peut rencontrer de grands oiseaux, les nandous, qui ressemblent à des autruches.

Les troupeaux de rennes peuplent la toundra des régions polaires.

En Amérique du Nord, on appelle les plaines "prairies" et, en Amérique du Sud, "pampas". Dans les régions polaires, les grandes étendues plates sont nommées "toundras". Ces "toundras" ont une maigre végétation constituée de mousses, de lichens et de buissons.

LES PLATEAUX

Aussi plats que les plaines, les plateaux sont situés à une altitude beaucoup plus élevée. Ils ont souvent été entaillés par des rivières qui coulent au fond de profondes gorges.

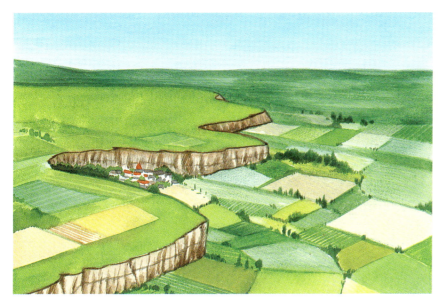

Certains plateaux s'élèvent à pic au-dessus des plaines, abritant souvent un village situé à leur pied.
En France, dans le Massif central, les Causses sont de grands plateaux calcaires très pauvres au paysage presque désertique, où l'on pratique l'élevage de moutons.

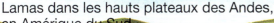

Lamas dans les hauts plateaux des Andes, en Amérique du Sud.

D'autres plateaux sont situés en montagne, à près de 4 000 m d'altitude. On peut en trouver dans les Andes ou dans l'Himalaya. Malgré leur situation géographique, ces hauts plateaux sont en général peuplés.

LES COTES

Les plaines sont souvent bordées de grandes plages de sable fin et de dunes.

Les plateaux sont bordés de falaises très abruptes. Les plages sont couvertes de galets arrachés à la falaise par la mer.

Les côtes qui bordent les montagnes ou les collines sont très découpées et les plages y sont rares.

Jeux de

VRAI OU FAUX ?

A. Le gorille est un grand singe que l'on trouve dans les forêts, en altitude. Il vit principalement sur les pentes des hautes montagnes d'Amérique.

B. Le campagnol des neiges est le seul mammifère qui puisse vivre en haute altitude. Il est capable de monter jusqu'à 4 000 m.

C. Le mont Blanc, qui est le plus haut sommet d'Europe, culmine à 4 807 m. Il fut vaincu la première fois en 1886 par deux Français, Balmat et Paccard.

D. Le grand panda, ce bel animal noir et blanc qui ressemble à un gros ours, vit dans les hautes montagnes de Chine.

E. Les premiers alpinistes à avoir entrepris l'ascension des hauts sommets utilisaient des échelles pour franchir les crevasses des glaciers.

F. Le plus haut sommet de la chaîne des Andes, située en Amérique du Sud, est un volcan. Il s'appelle l'Aconcagua.

G. A cause des déchets laissés par les expéditions, on a construit, sur les pentes de l'Everest, un four en pierre pour les détruire sur place.

H. Le Kilimandjaro, qui est une montagne d'Afrique, a des neiges éternelles sur son sommet.

I. L'aigle royal, qui vit dans de nombreuses montagnes, peut construire des nids de plus de 1 m de diamètre.

J. Le glacier qui se déplace le plus vite se trouve au Groenland. Il avance de 50 m par jour.

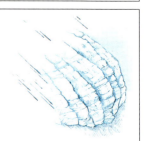

s reliefs

LE BON CHOIX

Sur chaque paire d'images, retrouve celle qui est liée à la montagne et donne le nom de ce qu'elle représente.

Les records

L'Everest est la montagne la plus élevée de la Terre. Elle culmine à 8 848 m d'altitude. Les hommes ont réussi à atteindre son sommet en mai 1953.

Le Sahara est le plus vaste des déserts.
Il représente une grande région d'Afrique et sa surface s'étend sur plus de 8 millions de km².

Le plus grand iceberg a été observé dans l'Antarctique en 1956. Il mesurait 335 km de long et 97 km de large. C'était une véritable barrière flottante.

L'océan le plus grand et le plus profond est l'océan Pacifique. Il mesure environ 180 000 000 km² et certaines de ses fosses descendent à plus de 10 000 m sous l'eau.

En 1986, près du Japon, un volcan est entré en éruption.
Son magma, refroidi, a formé une île de 20 m de haut et de 1 km de large. Elle n'a existé que 3 mois.

Pendant un ouragan en 1933, la plus haute vague a été enregistrée.
Elle s'élevait à 34 m, tandis que les vents soufflaient à plus de 120 km/h.

Le Nil est un fleuve d'Afrique. Sa longueur, de 6 670 km, fait de lui le plus grand fleuve du monde.
L'Amazone est le second, avec 6 400 km de long.

Au Vénézuela, pays d'Amérique du Sud, on peut voir les plus hautes chutes d'eau. Cette cascade, découverte en 1910, mesure plus de 970 m.

La Libye, pays d'Afrique du Nord, a connu la température la plus élevée : 58°C à l'ombre. La plus basse a été enregistrée dans l'Antarctique et affichait – 89°C.

de la nature

Les plus grands éclairs que l'on ait observés étaient longs de 32 km.
En Indonésie, on a relevé une moyenne de 322 jours d'orage par an de 1916 à 1919.

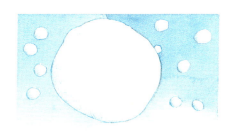

Au Kansas, aux Etats-Unis, sont tombés les plus gros grêlons. Leur poids était d'environ 750 g, pour un diamètre de 19 cm et une circonférence de 44,5 cm.

En 1897, en France, a été découverte la plus grande stalagmite, haute de 29 m. La stalactite la plus longue se trouve en Irlande. Elle mesure 7 m.

Les séquoias géants sont des arbres remarquables. D'une hauteur parfois supérieure à 110 m, la longévité de certains d'entre eux est estimée à 6 000 ans !

Il existe de nombreux records de fruits et de légumes. Pour ce qui est des tomates, la plus grosse, trouvée en France en 1987, pesait plus de 2 kg.

Dans l'état de Washington, il est tombé plus de 31 m de neige entre février 1971 et février 1972.
C'est le record de la plus forte chute de neige en 1 an.

La rafflésie est une plante du Sud-Est asiatique dont les fleurs sont les plus grandes du monde. Elles peuvent mesurer 1 m de large et peser plus de 7 kg.

L'espèce d'arbre la plus ancienne que l'on connaisse est celle du ginkgo. Elle serait apparue il y a 300 millions d'années.

La plus longue sécheresse a duré 400 ans dans un désert au Chili.
En revanche, on compte jusqu'à 350 jours de pluie par an sur une île de l'archipel d'Hawaii.

Les records

La baleine bleue est le plus grand et le plus lourd mammifère marin.
Le record a été établi par une femelle pesant 190 tonnes et mesurant 33 m de long.

Une puce est capable de sauter 130 fois sa hauteur.
Le record a été établi en 1910. L'insecte a alors réalisé un saut de 33 cm de long et de 20 cm de haut.

De tous les oiseaux, celui qui vole le plus vite est le faucon pèlerin. Lorsqu'il plonge en piqué sur ses proies, il peut dépasser les 380 km/h.

Le plus grand animal terrestre vivant est la girafe, qui peut mesurer plus de 6 m de haut.
Un mâle, capturé en Afrique, atteignait 6,09 m.

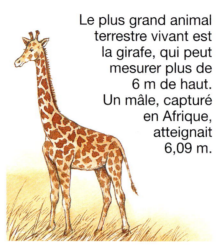

Le guépard est l'animal terrestre le plus rapide.
Il peut courir à la vitesse de 100 km/h, mais seulement sur une courte distance, de 500 m environ.

L'animal terrestre le plus lent vit en Amérique et s'appelle le paresseux. Ce mammifère dort parfois plus de 20 heures par jour.

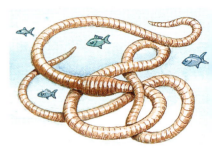

Le ver lacet est l'animal le plus long. Il vit en mer du Nord, près des côtes.
En 1864, on découvrit un spécimen de 55 m de long.

Le mammifère marin le plus rapide est l'orque.
En 1958, dans le Pacifique, un mâle a atteint la vitesse de 30 nœuds, équivalant à plus de 55 km/h.

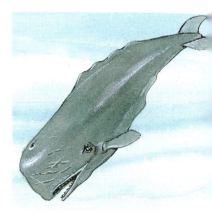

Un cachalot est descendu à 1 134 m sous l'eau.

des animaux

C'est au Zaïre qu'ont été trouvées les plus longues défenses d'éléphant. D'un poids total de 133 kg, la défense droite mesurait 3,49 m et la gauche 3,35 m.

Le record du plus grand primate est de 1,95 m et revient au gorille des montagnes. Cet animal vit en Afrique et sa taille moyenne est de 1,75 m.

Le plus grand des insectes est la femelle du phasme géant. Cette drôle de brindille à pattes mesure presque 40 cm de long.

Le crocodile marin est le reptile le plus grand du monde. Un mâle adulte mesure environ 4 m. Le record est détenu par un animal de 6,20 m.

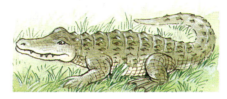

La tortue la plus vieille avait, à sa mort, au moins 150 ans. A l'île Maurice, dans l'océan Indien, vivent des tortues âgées de plus de 100 ans.

Le requin-baleine détient le record du plus grand poisson de mer, avec 18,60 m de long. Ce poisson ne se nourrit que de plancton.

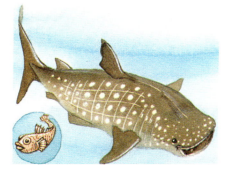

Le ouistiti mignon est le plus petit singe qui existe. Il ne mesure pas plus de 15 cm, de sa tête au début de sa queue. Il peut vivre 20 ans.

Parmi les records des plus hauts vols d'oiseaux, un pilote a observé, au mois de décembre 1967, un groupe de 30 cygnes volant à une altitude de 8 230 m.

Lorsqu'il saute hors de l'eau, le poisson volant à quatre ailes est très rapide et peut franchir la vitesse de 65 km/h.

Les roches n'ont pas toutes la même dureté. Les plus tendres sont décomposées par le vent, la glace et l'eau.
Les plus dures résistent aux intempéries. Ainsi se forment des paysages très différents et parfois extraordinaires.

Les canyons ont été creusés par des fleuves aujourd'hui disparus.
Le plus célèbre est le canyon du Colorado, aux Etats-Unis.

Les cheminées de fée sont des colonnes constituées de roche tendre et surmontées d'un chapeau de roche dure qui les protège. Le poids du chapeau rend la colonne plus compacte et plus résistante à l'érosion, mais le jour où il tombera, la colonne disparaîtra.

Les différentes couches de roches qui constituent l'écorce terrestre racontent l'histoire de la Terre sur des millions d'années et bien avant que les hommes aient pensé à décrire les transformations auxquelles ils assistaient. Les roches sédimentaires

Les roches les plus anciennes, les roches magmatiques, se formèrent dans le magma, comme le granite et le basalte. Elles furent rejetées sur terre au cours d'éruptions volcaniques.

Le magma est une substance pâteuse qui provient du centre de la Terre et qui est composée de roches en fusion.

Sur la Terre, il existe aussi des roches venues de l'espace : les météorites.
Comme les roches terrestres, les météorites sont formées de minéraux.
Il est très intéressant d'étudier ces roches, car elles ne se sont pas toutes formées à la même époque que les roches terrestres.

roches

relatent la vie des animaux et des plantes à travers des empreintes laissées ou des fossiles emprisonnés. Sans ces roches, on ne connaîtrait pas la vie des dinosaures, ni celle des premières plantes et des premiers animaux.

Les roches ne se sont pas toutes formées de la même façon. Certaines se sont formées à l'intérieur de la Terre, d'autres se sont formées dans les océans.

Les roches calcaires ont plusieurs origines : l'accumulation de coquilles après la mort des animaux, l'activité des coraux, qui édifient des squelettes en calcaire pour se protéger, et les dépôts de calcaire laissés par l'eau dans les grottes sous forme de stalagmites et de stalactites.

Les roches sédimentaires, comme le calcaire, le grès ou l'argile, se sont formées dans les lacs, les mers et les fleuves.
Elles sont composées de roches magmatiques érodées.

Les roches métamorphiques, comme le marbre ou l'ardoise, sont des roches sédimentaires qui se sont enfoncées dans le sol. Sous l'effet des températures élevées du magma, elles se sont transformées.

Les couches sédimentaires des fonds marins sont constituées aussi de sédiments, sable, gravier, etc., apportés par les fleuves. Si le fleuve aboutit dans une mer agitée par de fortes marées, comme l'océan Atlantique, les sédiments sont dispersés par les courants au large et sur les côtes. Mais si la mer est à faible marée, les sédiments s'entassent dans l'embouchure, formant souvent un delta.

En entrant dans l'atmosphère, la plupart des météorites brûlent (voir page 11) et se perdent dans les mers et dans les déserts.
Mais quelques-unes, les plus grosses, heurtent le sol à très grande vitesse et creusent de larges cratères dans le sol, comme celui du canyon du Diable, aux Etats-Unis.
Il mesure 180 m de profondeur et 1,2 km de diamètre.

Jeux de

ERREUR !

L'illustrateur s'est trompé. On lui a en effet demandé de représenter des roches qui ont jailli du volcan pendant l'éruption, mais deux des roches dessinées ci-dessous ne sont pas issues du volcan. Lesquelles ?

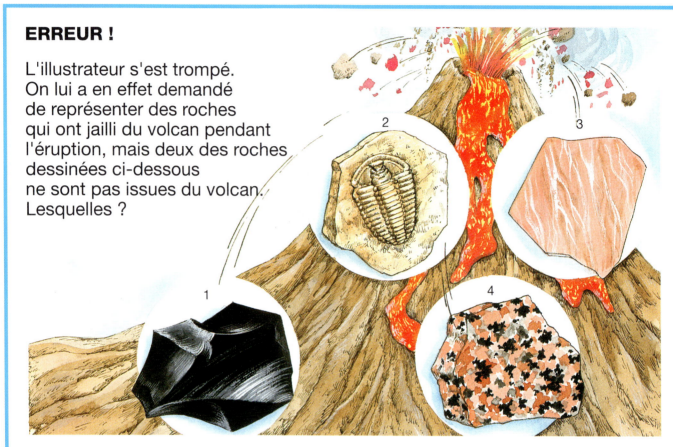

LE SAIS-TU ?

Le galet le plus lourd pèse 3 tonnes. Il se trouve en France, en Bretagne.

Les plus vieilles roches de la planète ont 3,8 milliards d'années. Elles sont situées au Groenland.

L'énorme bloc de grès rouge qui domine le désert australien date de 400 millions d'années.
(ci-contre)

s roches

INCROYABLE !

Monsieur muscle est très étonné : comment cet enfant peut-il porter une pierre aussi grosse que la sienne ?
Il doit y avoir un "truc". Essaie de le trouver !

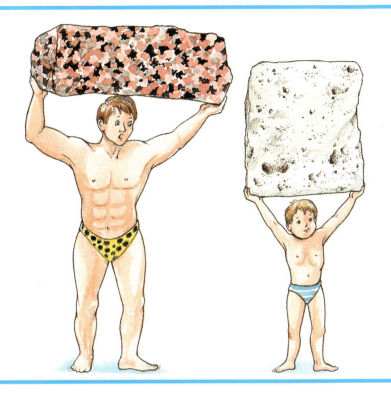

JOUE LES ARCHEOLOGUES

Tu peux t'amuser à chercher des fossiles dans les roches sédimentaires. Renseigne-toi dans une bibliothèque, car tu y trouveras des ouvrages traitant de la répartition des fossiles dans les différentes régions. Sois prudent en cherchant, car les sites sont souvent situés dans des carrières ou au pied des falaises.

Matériel : marteau à bout pointu et marteau lourd.

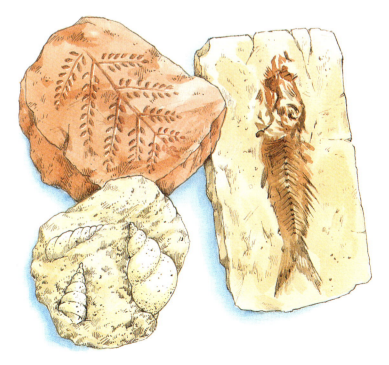

Les

LES DEUX SAISONS DES REGIONS POLAIRES

Le pôle Nord et le pôle Sud ne connaissent que deux saisons de 6 mois : l'été et l'hiver.

Du 21 juin au 21 décembre, c'est l'été au pôle Nord. Les rayons du Soleil éclairent le pôle. Les jours sont très longs, car le Soleil ne se couche pas. Les nuits n'existent pas. Pendant ce temps, c'est l'hiver au pôle Sud. Les rayons du Soleil sont cachés. Les nuits sont très longues et il n'y a pas de jours.

Du 21 décembre au 21 juin, la Terre est inclinée différemment par rapport au Soleil. C'est alors l'hiver au pôle Nord et l'été au pôle Sud.

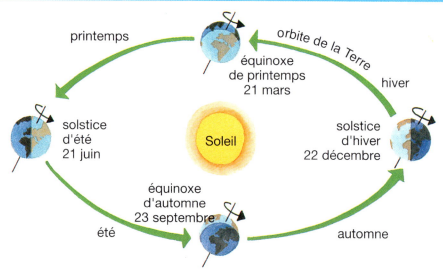

Une année (365 jours et 6 heures), c'est le temps nécessaire à la Terre pour effectuer un tour complet autour du Soleil. Au cours de cette année, la Terre occupe quatre positions particulières par rapport au Soleil. Ces quatre positions marquent le début de chacune des saisons.
Equinoxe : le jour et la nuit ont la même longueur. Solstice d'été : le jour est le plus long. Solstice d'hiver : la nuit est la plus longue.

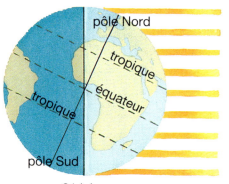

21 juin

Selon sa position lors de sa rotation autour du Soleil, la Terre reçoit plus ou moins de chaleur. C'est ce qui explique les saisons.
Sur le schéma ci-contre, c'est l'hémisphère Nord qui reçoit le plus de soleil : c'est l'été. Pendant ce temps, c'est l'hiver dans l'hémisphère Sud.

La Terre se déplace suivant un axe incliné.
De ce fait, les rayons du Soleil ne touchent pas de la même façon ni en même temps l'hémisphère Nord et l'hémisphère Sud.

Sur le schéma ci-contre, l'hémisphère Sud est le plus éclairé : c'est l'été.
Pendant ce temps, c'est l'hiver dans l'hémisphère Nord.

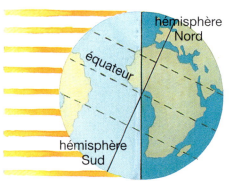

21 décembre

saisons

QU'EST-CE QU'UNE SAISON ?

Une saison, c'est une période de l'année durant laquelle la température ne varie pas beaucoup. Suivant les saisons, le paysage change.
Les saisons reviennent chaque année à la même époque, mais tous les pays n'ont pas le même nombre de saisons. Dans les pays des régions tempérées de l'hémisphère Nord et de l'hémisphère Sud, l'année est partagée en quatre saisons, longues de trois mois chacune. Mais ces saisons sont inversées suivant les hémisphères. Quand c'est l'hiver dans l'hémisphère Nord, c'est l'été dans l'hémisphère Sud.

L'unique saison de l'équateur : tout au long de l'année, les régions situées à l'équateur reçoivent la même lumière et la même chaleur du Soleil. Il n'y a donc qu'une seule saison et les jours y sont aussi longs que les nuits. A l'équateur, il fait toujours très chaud et il pleut beaucoup. De ce fait, la forêt équatoriale reste toujours verte.

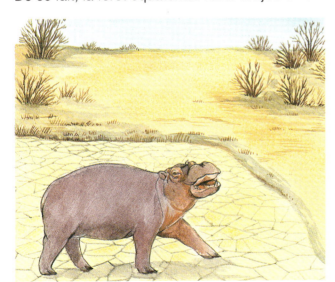

Dans les régions situées sous les tropiques, il n'y a que deux saisons : une saison sèche pendant laquelle il ne pleut pas : l'herbe est rare et jaune, les mares s'assèchent et les rivières disparaissent, et une saison humide, pendant laquelle des pluies abondantes tombent tous les jours.

LES QUATRE SAISONS

Dans les pays des régions tempérées, en Europe par exemple, il existe quatre saisons bien distinctes : l'hiver, le printemps, l'été et l'automne.

Rayons du Soleil et chaleur

Les rayons du Soleil apportent toujours la même quantité de chaleur.
Mais la Terre en reçoit plus en été et moins en hiver, car en été les rayons du Soleil sont verticaux et chauffent donc de très petites surfaces sur le sol. En hiver, les rayons du Soleil sont très obliques et chauffent des étendues plus grandes.
A la surface de la Terre, la température est donc moins élevée.

Interprétation schématique de la position des rayons du Soleil en été et en hiver.

Dans une même région, il arrive aussi qu'une saison varie d'une année à l'autre : l'hiver peut être très froid, avec de la neige et des inondations catastrophiques, et, l'année suivante, beaucoup plus doux et sans neige.
Tout cela dépend, en fait, des mouvements des masses d'air qui entourent notre planète.

SOLSTICE D'HIVER

Au premier jour de l'hiver, à midi, le Soleil est bas sur l'horizon. Ses rayons sont très obliques et n'apportent que peu de chaleur. Sur le sol, les ombres sont très longues. Le jour dure 8 heures et la nuit 16 heures.

EQUINOXE DE PRINTEMPS

Au premier jour du printemps, à midi, le Soleil est plus haut dans le ciel. Ses rayons sont plus verticaux et apportent davantage de chaleur. Sur le sol, les ombres sont plus courtes. Le jour et la nuit ont la même durée : 12 heures.

Les saisons peuvent varier d'une région à l'autre.
En montagne, par exemple, l'hiver est beaucoup plus froid
que dans les plaines. En revanche, sur les côtes au bord de la mer,
les hivers sont plus doux.

SOLSTICE D'ETE

LE SAIS-TU ?

Dans certains pays d'Europe, la France par exemple, l'heure officielle est en avance d'une heure sur l'heure solaire. Quand il est midi à ta montre, il n'est que 11 heures au Soleil.

cadran solaire

Au premier jour de l'été, à midi, le Soleil est au point le plus haut dans le ciel. Ses rayons sont verticaux et apportent le maximum de chaleur. Sur le sol, les ombres sont très courtes. Le jour dure 16 heures et la nuit 8 heures.

En été, l'heure officielle est en avance de deux heures sur l'heure du Soleil. Quand il est midi à ta montre, il n'est que 10 heures au Soleil.

EQUINOXE D'AUTOMNE

Au premier jour de l'automne, à midi, le Soleil est à la même hauteur dans le ciel qu'au premier jour du printemps. Ses rayons apportent moins de chaleur. Sur le sol, les ombres sont plus longues. Le jour et la nuit durent chacun 12 heures.

Ces heures changent au printemps et en automne. Le dernier dimanche de mars, on avance sa montre d'une heure et, le dernier dimanche de septembre, on recule sa montre d'une heure.

Jeux des

INFO-SAISONS

Nous avons recueilli toutes ces informations durant une année. Peux-tu préciser, pour chacune d'elles, à quelle saison elle correspond ?

1. Dans la montagne, les lièvres sont tout blancs.

2. Le muguet, fleur porte-bonheur, pousse dans les bois.

3. La température de la mer est de 20° C sur la côte vendéenne.

4. On ramasse des châtaignes dans les bois.

5. Dans le sud de la France, les mimosas sont en fleur.

6. Les lilas sont en fleur et embaument les jardins.

7. Les oiseaux mangent des cerises.

8. La nuit est plus longue que le jour.

9. Les ours dorment au fond de leur tanière.

10. Les coquelicots s'épanouissent dans les champs de blé.

11. L'écureuil fait des réserves de noisettes.

12. La température peut descendre au-dessous de 0° C.

13. Les insectes viennent féconder les fleurs des arbres.

14. C'est le temps des vendanges et, dans les vignes, on récolte le raisin.

15. Dans la forêt, les oisillons naissent dans les nids.

16. Le berger monte son troupeau de moutons dans les alpages.

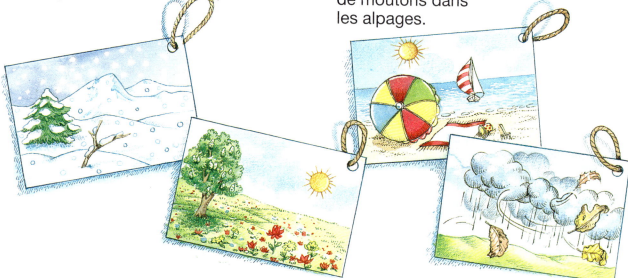

saisons

HISTOIRE D'OMBRES

Lorsqu'il fait beau, tu as une ombre derrière toi. Cette ombre varie suivant la position du soleil, qui change en fonction des saisons. Peux-tu indiquer à quelles saisons correspondent ces trois images ?

REFLECHIS

Voici des heures de lever et de coucher du soleil pour trois jours. Peux-tu dire dans quelle saison se situent ces trois jours ?

A	B	C
lever : 4 h 55	lever : 5 h 38	lever : 9 h 03
coucher : 21 h 42	coucher : 17 h 48	coucher : 17 h 05

Le S

Le Soleil est une étoile. De toutes les étoiles de la galaxie, c'est celle qui est la plus proche de la Terre. C'est grâce au Soleil que la vie est possible sur la Terre.

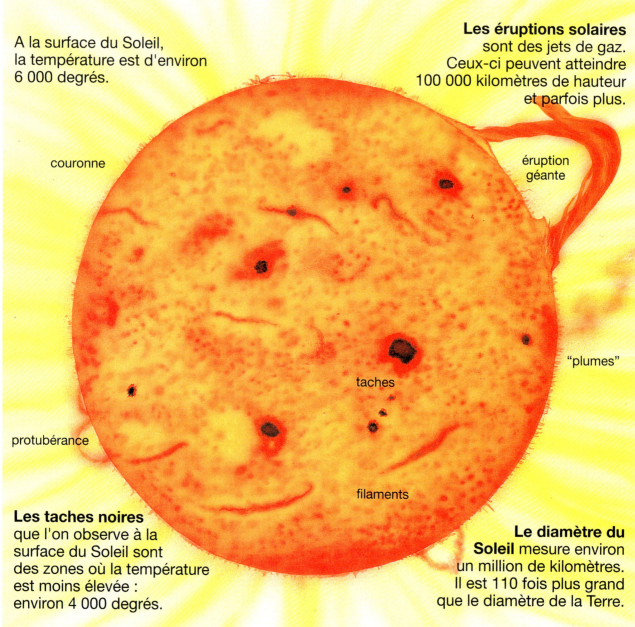

A la surface du Soleil, la température est d'environ 6 000 degrés.

Les éruptions solaires sont des jets de gaz. Ceux-ci peuvent atteindre 100 000 kilomètres de hauteur et parfois plus.

couronne

éruption géante

"plumes"

taches

protubérance

filaments

Les taches noires que l'on observe à la surface du Soleil sont des zones où la température est moins élevée : environ 4 000 degrés.

Le diamètre du Soleil mesure environ un million de kilomètres. Il est 110 fois plus grand que le diamètre de la Terre.

Le Soleil est constitué de deux gaz : l'hydrogène et l'hélium. Sous l'effet de la température, qui atteint 16 millions de degrés à l'intérieur du Soleil, l'hydrogène et l'hélium sont en fusion. Le Soleil n'est donc pas un corps solide comme la Terre.

oleil

Vitesse de la lumière

La lumière du Soleil se déplace à la vitesse de 300 000 kilomètres par seconde. Le Soleil étant situé à 147 millions de kilomètres de la Terre, sa lumière met 8 minutes à parvenir sur Terre.

LE SAIS-TU ?

Le Soleil, comme la Terre, tourne sur lui-même. Cette rotation complète dure 25 jours, alors que celle de la Terre dure une journée.

Le Soleil est né voilà 4 milliards et demi d'années. Dans 5 milliards d'années, il commencera à mourir.

Dans 5 milliards d'années, le Soleil aura consommé tout l'hydrogène qu'il possède. Il grossira.
La chaleur qu'il dégagera sera si forte qu'il n'y aura plus de vie sur Terre. Continuant à grossir, le Soleil engloutira toutes les planètes qui tournent autour de lui. La Terre disparaîtra.
Quand le Soleil n'aura plus d'hélium, il ne sera plus qu'une étoile naine qui s'éteindra peu à peu.

LA PHOTOSYNTHESE

La photosynthèse est l'opération par laquelle les plantes fabriquent leur nourriture. Cette opération ne peut pas se faire sans la lumière du soleil.

La chlorophylle, qui donne sa couleur verte à la plante, lui permet aussi de capter la lumière du soleil.
Sans chlorophylle, il n'y aurait donc pas de transformation de la sève brute en sève sucrée.

feuille au printemps

feuille en été

feuille en automne

A l'automne, les feuilles perdent leur chlorophylle. Elles changent de couleur. Elles meurent, car elles ne peuvent plus fabriquer leur nourriture.

Après avoir été transformée, la sève circule dans toute la plante.

absorption du gaz carbonique

sève sucrée

sève brute

rejet d'oxygène

Sous l'action du soleil, la sève brute qui arrive dans les feuilles se transforme en sève sucrée, la nourriture de la plante.
Pendant cette transformation, la plante absorbe du gaz carbonique et rejette de l'oxygène.
Cette dernière opération ne peut se faire que par la présence de la chlorophylle dans la plante.

La photosynthèse ne peut avoir lieu sans lumière.
Elle commence au lever du soleil
et s'arrête quand la nuit tombe.

En poussant hors de l'eau, les plantes primitives ont transformé l'atmosphère de la Terre et ont permis le développement de la vie animale. Les premières plantes à sortir de l'eau furent les lichens, puis les mousses. Apparurent ensuite les fougères et les prêles.

La Terre s'est couverte de forêts touffues il y a 350 millions d'années. D'immenses marécages et des mangroves (végétation avec de grandes racines visibles) occupaient les rivages.
Le ginkgo est un des premiers arbres qui soient apparus sur Terre. Il existe encore aujourd'hui.

La grande forêt d'Amazonie

Protéger les forêts, c'est protéger la vie.

Les forêts produisent de très grandes quantités d'oxygène. En les détruisant, on menace la production d'oxygène. Protéger les forêts, c'est donc bien protéger la vie sur toute la Terre.

Les premières plantes apparues dans les eaux se sont peu à peu répandues sur la Terre.
Grâce à la photosynthèse, elles ont commencé à fabriquer de l'oxygène. Quand il y a eu assez d'oxygène dans l'atmosphère, les animaux marins, qui sont sortis à leur tour de l'eau, ont pu respirer.

Jeux d

LE SAIS-TU ?

A. Si le Soleil est rouge lorsqu'il se couche, c'est :
— un signe de pluie ?
— un signe de vent ?

C. De quel côté se lève le Soleil :
— à l'Est ?
— à l'Ouest ?

B. Où peut-on apercevoir le Soleil à minuit :
— à l'équateur ?
— dans les régions polaires ?

D. Il arrive que le Soleil soit caché en plein jour pendant deux minutes environ :
c'est une éclipse solaire.
Ce phénomène se produit-il :
— lorsque la Terre se trouve entre le Soleil et la Lune ?
— lorsque la Lune est entre le Soleil et la Terre ?

EXPERIENCE

Fais germer deux graines de haricot que tu auras glissées chacune dans un morceau de coton et placées dans une bouteille en plastique coupée.

Lorsque les petites plantes apparaissent, recouvre l'une des deux bouteilles d'une boîte en carton.

Observe chaque jour le développement des deux plantes.

Que constates-tu ?

Matériel nécessaire :
— 2 bouteilles en plastique
— des haricots blancs
— une boîte en carton
— du coton

u Soleil

LA BONNE REPONSE

A. Le Soleil est né il y a :
— 4,5 millions d'années ?
— 4,5 milliards d'années ?
— 4 500 milliards d'années ?

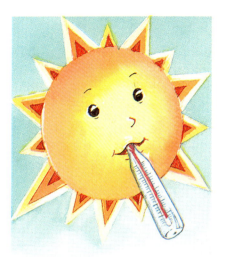

B. La lumière du Soleil se déplace à la vitesse de :
— 3 000 km/seconde ?
— 300 000 km/seconde ?
— 300 000 km/heure ?

C. La température à la surface du Soleil est de :
— 6 000 degrés ?
— 16 000 degrés ?
— 16 millions de degrés ?

D. Le Soleil tourne :
— sur lui-même en 25 jours ?
— autour de la Terre en 25 jours ?
— autour de la Lune en 25 jours ?

E. Les éruptions solaires, ces grandes flammes que lance le Soleil, peuvent atteindre une hauteur de :
— 100 km ?
— 10 000 km ?
— 100 000 km ?

F. Le Soleil est-il :
— une étoile ?
— une planète ?
— une galaxie ?

Les tremblem

Quand la terre tremble, le sol reçoit pendant quelques secondes des secousses qui se propagent à partir de l'endroit où le tremblement s'est produit.
Si ces secousses sont très violentes, elles peuvent provoquer de très graves destructions, surtout lorsque les constructions ne sont pas conformes aux normes antisismiques.
C'est souvent le cas des vieux immeubles.

Dans les villes, après un violent tremblement de terre, il y a souvent des incendies dus à la rupture des canalisations de gaz.

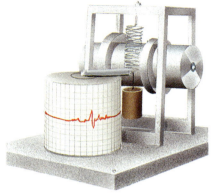

Le sismographe.
Cet appareil enregistre tous les mouvements du sol, même les plus faibles, et mesure leur intensité.

Quand les séismes sont très faibles, les cadres, les lampes, etc., ne se balancent que légèrement et on ne sent pratiquement rien. Pour mesurer l'intensité des séismes, on utilise l'échelle de Richter, graduée de 0 à 9.
De 0 à 3, les secousses sont à peine sensibles ; de 3 à 6, elles provoquent peu de dégâts ; au-delà, elles sont destructrices.

ents de terre

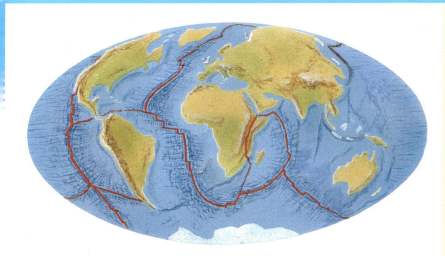

Les plaques qui composent la croûte terrestre sont séparées par des failles.
C'est par ces failles que le magma jaillit du manteau terrestre et met les plaques en mouvement.
Quand deux plaques se heurtent, le sol se met à trembler.

Sous l'effet des éruptions volcaniques et des tremblements de terre, le relief se modifie sans cesse.
Là où deux plaques s'écartent, un océan se forme.
Là où deux plaques se heurtent, une chaîne de montagnes apparaît.

LA DERIVE DES CONTINENTS

Les plaques qui portent les continents et les océans n'ont pas toujours occupé la place qu'elles occupent aujourd'hui.
Elles ont commencé à bouger il y a 4,5 milliards d'années, dès la formation de la Terre.

Il y a 200 millions d'années, tous les continents s'étaient rapprochés pour n'en former qu'un seul. Cet immense continent s'appelait la Pangée. Il existait au temps des dinosaures.

Peu à peu, ce continent unique s'est divisé en six morceaux.

A la vitesse à laquelle les plaques qui forment la croûte terrestre se déplacent, voici l'image qu'aura la carte du monde dans 50 millions d'années.
L'Amérique se trouvera plus éloignée de l'Afrique et la Méditerranée sera réduite.

LES VOLCANS DE LA PLANETE

Il existe 40 000 volcans dans le monde, dont 30 000 volcans sous-marins. Parmi les volcans aériens, seuls 550 sont en activité.

Le puy de Dôme, en France, sommeille depuis 6 000 ans, mais il peut se réveiller un jour.

Le Fuji-Yama, au Japon, n'est plus en activité. Sa dernière éruption remonte à 1 707.

Le Stromboli, en Italie, est sans arrêt en éruption depuis 3 000 ans.

Le Vésuve, en Italie : une de ses éruptions, en 79, a enseveli la ville de Pompéi sous une couche de cendres de 6 m d'épaisseur.

Le Paricutin, au Mexique, a surgi en 1943 dans le champ d'un paysan, s'élevant en quelques jours à 340 m au-dessus des terres alentour. Ses coulées de lave ont complètement recouvert le village de Paricutin.

Montagnes qui crachent le feu, les volcans naissent, grandissent et meurent. Mais leur vie dure des millions d'années.

Le volcan entre en éruption. Poussées par des gaz brûlants, les roches en fusion, qui montent de l'intérieur de la Terre, débordent du cratère. Ces roches en fusion forment de la lave qui s'écoule comme un fleuve. Au-dessus du volcan, le ciel s'emplit de fumée et de poussière.

volcans

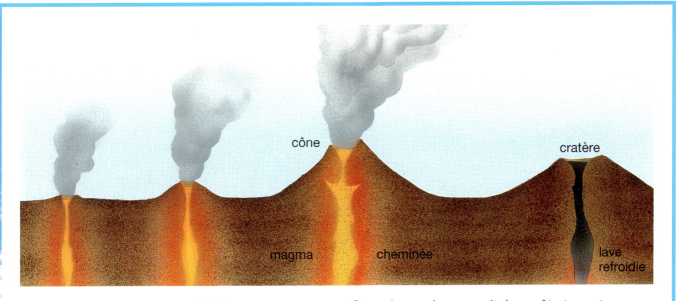

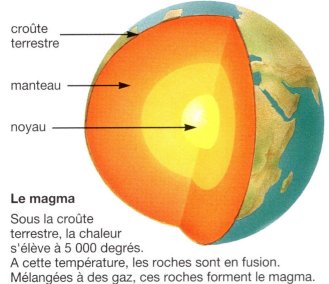

croûte terrestre

manteau

noyau

Le magma
Sous la croûte terrestre, la chaleur s'élève à 5 000 degrés.
A cette température, les roches sont en fusion.
Mélangées à des gaz, ces roches forment le magma.

Quand un volcan surgit, la croûte terrestre se déchire et le magma s'échappe du manteau. A chaque éruption, les couches de lave s'empilent et le cône du volcan grandit. Quand la lave refroidie bouche la cheminée du volcan, il n'y a plus d'éruptions.
Le volcan est alors éteint, mais il peut se réveiller.

Naissance d'une île
Un très grand nombre d'éruptions volcaniques ont lieu sous la mer.
Si le volcan qui se forme dépasse la surface de l'eau, une île apparaît.
Ces éruptions sous-marines provoquent d'immenses vagues qu'on appelle raz de marée.

Jeux des

LE SAIS-TU ?

A. Le volcan éteint le plus haut est en Argentine. Mesure-t-il 6 960 m ou 8 884 m ?

B. La plus grande coulée de lave était-elle longue de 237 km ou de 70 km ?

C. L'éruption volcanique la plus meurtrière fit-elle 92 000 morts ou 22 000 morts ?

HISTOIRE DE VOLCANOLOGUES

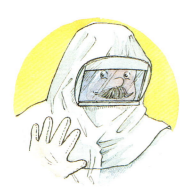

Le volcanologue Tharoum Cervelle raconte ses aventures. A ton avis, dit-il toujours la vérité ?

1. La plus grosse explosion à laquelle j'aie assisté s'est déroulée sur une île en Indonésie.
La vague qui suivit l'éruption était énorme et elle tua plus de 36 000 personnes. J'étais alors en bateau, à côté, et j'ai pu prendre des photos.

2. Chaque fois que je descends dans les cratères de volcans en activité, je mets des vêtements spéciaux qui me protègent et qui me permettent d'approcher de la lave brûlante.

3. L'éruption la plus spectaculaire que je sois allé étudier a eu lieu en Colombie. Ce fut une grande catastrophe, car il y eut plus de 500 000 morts. Le village qui se trouvait au pied du volcan fut envahi de boue provenant de la fonte de la neige et de la glace.

séismes

VRAI OU FAUX

Avant un tremblement de terre :

1. Les poules grimpent aux arbres.

2. Les souris se mangent entre elles.

3. Les serpents sortent de terre.

4. Les oiseaux s'arrêtent de chanter.

5. Les chiens se mettent à hurler à la mort.

6. Les oies perdent leurs plumes.

LES CONTINENTS BOUGENT

Il y a 65 millions d'années, les continents n'occupaient pas la même place qu'aujourd'hui. Examine bien ces deux cartes et trouve où se situe aujourd'hui la plaque terrestre mentionnée avec le point d'interrogation. Quel pays a-t-elle formé ? Quel bouleversement géologique a-t-elle provoqué ?

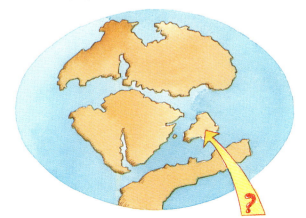

La Terre il y a 65 millions d'années.

La Terre aujourd'hui.

La nature est

Les réserves des fourmis à miel. Pour ne jamais manquer de nourriture, ces fourmis du désert emplissent leur abdomen de nectar dès que les plantes fleurissent. Plus tard, elles distribuent cette nourriture aux autres fourmis de la colonie.

Le nid bien protégé du calao. Pour éviter que ses œufs soient détruits, la femelle, dès qu'elle a pondu, se laisse enfermer dans son nid. Le mâle, qui bouche ainsi l'entrée du nid avec de la boue, aménage une fente par laquelle il nourrit la femelle.

Les tortues mâles ont une activité amoureuse intense qui se traduit par les coups de tête qu'elles donnent contre les femelles… et parfois même contre une grosse chaussure qu'elles prennent pour une tortue !

Le poisson pêcheur attire ses proies grâce à une "canne à pêche" placée derrière sa tête et à un faux ver de terre fabriqué avec sa chair. Quand sa victime est devant lui, il la happe à une vitesse foudroyante !

Ce crabe boxeur a trouvé un moyen astucieux pour se défendre : il saisit des anémones de mer, les garde au bout de ses pinces et, à la moindre alerte, se met à "boxer" ! Ses dangereux gants font fuir tous ses ennemis !

L'araignée gladiateur attrape ses proies grâce au filet très solide et gluant qu'elle tisse. Elle y enroule sa victime après s'être jetée sur elle. Elle refait à chaque fois un nouveau filet.

extraordinaire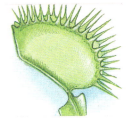

La défense de l'ortie. Les feuilles d'ortie sont couvertes de cils creux qui contiennent une substance irritante. Si l'on frôle ces cils, ils se cassent et le liquide qu'ils contiennent pénètre dans la peau.

Les lianes des forêts tropicales s'enroulent autour des arbres pour s'élever vers la lumière. Ces "étrangleuses" finissent bien souvent par étouffer l'arbre sur lequel elles se sont fixées.

Le fucus vésiculeux se protège du soleil. Pour éviter d'être desséché par la chaleur du soleil pendant la marée basse, le fucus vésiculeux produit une substance gélatineuse qui le recouvre totalement.

La cuscute est une plante grimpante sans racines ni feuilles. Pour se nourrir, elle s'entortille sur une autre plante et enfonce dans sa tige de petits suceurs. La plante, parasitée par la cuscute, finit par mourir.

La dionée est une plante carnivore qui se nourrit d'insectes et parfois même de minuscules grenouilles. Si l'insecte frôle les lobes de la plante deux fois en moins de trente secondes, les lobes se referment et il se trouve capturé.

Dans les déserts pousse une plante-caillou. Protégée par deux feuilles épaisses et grises, elle se confond avec les pierres qui l'entourent. Quand il pleut, les feuilles s'écartent pour laisser sortir la fleur.

Solutions

Page

12 Il faut faire le vide d'air dans la carafe. Pour cela, tu mets un morceau de coton à l'intérieur, que tu fais ensuite brûler avec une allumette, et tu places aussitôt l'œuf sur le goulot. Au fur et à mesure que l'oxygène va être consumé par le feu, l'œuf va descendre dans la carafe sous la pression de l'air extérieur.

Le sèche-cheveux - la montgolfière - le planeur - le ventilateur et l'aspirateur.

22 **A** : mammifère - **B** : OK - **C** : mammifère - **D** : arachnide - **E** : mammifère - **F** : reptile - **G** : insecte - **H** : crustacé - **I** : OK - **J** : insecte - **K** : OK - **L** : mollusque.

23 BIZARRE : le manchot (il habite le pôle Sud) - l'hippocampe vit en mer - la vipère ne pond pas d'œufs - le têtard vit dans l'eau et la sole est un poisson de mer.

28 **A** : marronnier - **B** : chêne - **C** : ginkgo - **D** : platane - **E** : hêtre - **F** : pin.
VRAI OU FAUX : **A** : vrai - **B** : vrai - **C** : faux, c'est le ginkgo.

29 **A** : 1 - **B** : 3 - **C** : 2 - **D** : 1.

32 A chacun son climat :
Eléphant d'Asie : mousson - Toucan : tropical - Ours blanc : polaire - Girafe : sec et chaud - Ecureuil : tempéré - Fennec : sec et chaud.
VRAI OU FAUX : **A** : vrai - **B** : faux - **C** : vrai, les nuages venus de la mer se heurtent à la grande chaîne de l'Himalaya et déversent leurs pluies sur l'Inde - **D** : faux - **E** : vrai - **F** : faux, ils sont arrivés à Lyon - **G** : faux.

33 **A** : polaire - **B** : tropical - **C** : sec et chaud - **D** : continental - **E** : océanique - **F** : mousson - **G** : équatorial - **H** : sec et froid.

38 A - B - C - E.

39 Seul Albert dit la vérité : un homme a effectivement descendu les chutes du Niagara dans un tonneau. Les deux autres ont raconté des bêtises.
VRAI OU FAUX : **1** : vrai - **2** : faux, ils proviennent des glaciers qui se jettent dans la mer et qui sont constitués d'eau douce - **3** : vrai - **4** : faux, à 100°C - **5** : faux, d'eau de mer.

42 **1** : le vent - **2** : le gaz - **3** : l'électricité - **4** : le pétrole - **5** : le vent - **6** : le soleil - **7** : l'uranium - **8** : le pétrole - **9** : l'électricité, fournie par une petite dynamo.

43 Toutes les affirmations sont justes.

44 L'eau contenue dans la bouteille peinte en noir est plus chaude.

48 Printemps : 1 - 2 - 5 - 6 - 8 - 9 - 10 - 11 - 13.
Eté : 2 - 3 - 8 - 11 - 12.
Automne : 4.
Hiver : 7.

49 Baies : raisin - oranges - citrons - groseilles.
Fruits à pépins : pommes - poires.
Drupes : cerises - abricots - prunes - pêches.
Fruits secs : noisettes - noix - amandes.
1 - 3 - 4.

54 D - F - A - E - B - C.

55 **A** : saphir - **B** : émeraude - **C** : rubis - **D** : diamant - **E** : turquoise - **F** : aigue-marine.
1. granite - **2.** anthracite - **3.** ardoise - **4.** or.

60 **A** : impossible - **B** : possible - **C** : impossible - **D** : impossible - **E** : possible.

61 **A** : la mer arrivera toujours au deuxième barreau, car le bateau descend en même temps que l'eau.
B : la bouteille sera emportée grâce au Gulf Stream, qui part du golfe du Mexique et va jusque dans la Manche.

76 **A** = 6 - 10 - 12. **B** = 4 - 9 - 13. **C** = 2 - 11 - 14. **D** = 1 - 5 - 7. **E** = 3 - 8.

77 A1 - B3 - C5 / A2 - B1 - C3 / A3 - B2 - C4 / A4 - B5 - C1 / A5 - B4 - C2.

82 Cèpe : 6 - Trompette de la mort : 4 - Amanite : 2 - Bolet Satan : 3 - Morille : 1 - Girolle : 5.

83 VRAI OU FAUX : **A** : vrai - **B** : faux, ils ont besoin d'humidité - **C** : vrai - **D** : vrai - **E** : faux, côté Nord - **F** : vrai - **G** : faux, il y a plus de 400 millions d'années.

88   **A** : quelques centaines - **B** : 1-3 - **C** : 1 - **D** : 1 - **E** : 3 - **F** : le gorille - l'okapi - le condor - le bœuf musqué - **G** : 3.

89   A et I - B et K - C et L - D et H - E et J - F et G.

94   **A** : faux, le gorille vit en Afrique - **B** : vrai - **C** : faux, c'est en 1786 que Balmat et Paccard ont vaincu le mont Blanc - **D** : vrai - **E** : vrai - **F** : vrai - **G** : vrai - **H** : vrai - **I** : vrai - **J** : faux, il se déplace de 20 à 24 m par jour.

95   **A** : 1 (aigle) - **B** : 2 (mélèze) - **C** : 1 (chalet) - **D** : 2 (chamois) - **E** : 1 (piolet + corde) - **F** : 1 (surf des neiges) - **G** : 1 (edelweiss) - **H** : 1 (fondue savoyarde) - **I** : 1 (vache des alpages) - **J** : 1 (marmotte).

102   le marbre (3) - la roche sédimentaire avec le fossile (2).

103   L'enfant porte un bloc de pierre ponce. Cette roche, qui est de la lave refroidie, est très légère.

108   **1** : hiver - **2** : printemps - **3** : été - **4** : automne - **5** : hiver - **6** : printemps - **7** : été - **8** : hiver - **9** : hiver - **10** : été - **11** : automne - **12** : hiver - **13** : printemps - **14** : automne - **15** : printemps - **16** : été.

109   **A** : hiver - **B** : été - **C** : printemps ou automne.

        A : été - **B** : printemps ou automne - **C** : hiver.

114   **A** : c'est signe de vent - **B** : dans les régions polaires - **C** : à l'Est - **D** : lorsque la Lune est entre le Soleil et la Terre.

115   **A** : 4,5 milliards d'années - **B** : 300 000 km/seconde - **C** : 6 000 degrés - **D** : sur lui-même en 25 jours - **E** : 100 000 km - **F** : le Soleil est une étoile.

120   **A** : 6 960 m - **B** : 70 km - **C** : 92 000 morts. Histoire de volcanologue :
1 : impossible, le bateau aurait chaviré et il serait mort s'il avait été près de l'île - **2** : oui - **3** : non, la catastrophe qui a eu lieu en 1985 tua environ 20 000 personnes.

121   **1** : oui - **2** : non - **3** : oui - **4** : oui - **5** : oui - **6** : non.
Les continents bougent : l'Inde - la chaîne de l'Himalaya.